शहर तो ख़ुद वीराना पड़ा है

कुल्लियाते-'कैफ़' भोपाली

('कैफ़' भोपाली समग्र)

कैफ़ भोपाली साहब के तीन शेरी मजमुए - 'कू-ए-बुताँ', 'चाँद के पार' और 'आहंगे-कैफ़' जो कि फ़ारसी लिपि में पहले प्रकाशित हो चुके हैं, इनके अलावा, 'आज उनका ख़त आया' भी देवनागरी लिपि में प्रकाशित हो चुका है। ये सारी किताबें इस समग्र 'शहर तो ख़ुद वीराना पड़ा है' में पूरी तरह से शामिल हैं, किताबों के अलावा इनका काफ़ी ग़ैर मतबूआ (अप्रकाशित) कलाम और फ़िल्मी गीत भी इस कुल्लियात में शामिल कर लिये गये हैं ।

शहर तो ख़ुद वीराना पड़ा है

कुल्लियाते-'कैफ़' भोपाली

('कैफ़' भोपाली समग्र)

लिप्यन्तरण
पराग अग्रवाल
डॉ. दीपक रूहानी

Anybook

Published By

Anybook

Cell : 9971698930

E-mail : contactanybook@gmail.com

Website : www.anybook.org

Price in India : 400 /- INR

First published by Anybook in 2021

Printed and bound in India

Cover Design & Typesetting by Anybook

ISBN : 978-81-95286-84-3

हम शुक्रगुज़ार हैं

जनाब यावर माजिद साहब

अमेरिका में रहने वाले शायर जनाब यावर माजिद पिछले तीस बरस से कम्प्यूटर सॉफ़्टवेअर और शेरो-शायरी से वाबस्ता हैं। आपका शे'री मजमुआ देवनागरी लिपि में 'आँख भर आसमान' के नाम से एनीबुक पब्लिकेशन से भारत में 2020 में प्रकाशित हो चुका है।

कुल्लियाते-'कैफ़' भोपाली के प्रकाशन के लिये आपने माआली तआवुन किया है एनीबुक पब्लिकेशन आपके इस फ़ेल के लिये तहे-दिल से शुक्रगुज़ार है।

फ़ेहरिस्त

कैफ़ भोपाली साहब
(१९१७ - १९९१)

कैफ़ भोपाली

कैफ़ भोपाली को मैंने तक़रीबन बीस बरस पहले किसी मुशायरे में देखा था। वालिहाना पढ़ने का अन्दाज़, मख़्सूस तरन्नुम और दिल को बिल्कुल नये तरीक़े से छूने का कलाम सुनकर हैरतज़दा रह गया। उस ज़माने तक मैंने प्रोफ़ेसर बुज़ुर्गों से सुना था जो कलाम मुशायरे में चले वो बहुत कमतर और घटिया ज़रूर होगा अब मैं इस कूचे से भी आश्ना हूँ और उस कूचे की तारीख़ से भी और उन नाकाम शायर प्रोफ़ेसर से भी वाक़िफ़ीयत है। वली से लेकर कोई ग़ज़ल का शायर आज तक ये ऐतबार और वक़ार नहीं पा सका जिसको देखकर मुशायरे के तमाशाई अपनी बेतमीज़ी न भूल जायें।

मुशायरा ख़ालिस शायरी ही नहीं है इसमे स्टेज शामिल है। स्टेज अदाकारी, गुलूकारी का मुतालबा करता है और सिर्फ़ तरन्नुम या तहत की ड्रामाइया में वक़्ती वाह! वाह! हो जाती है, मगर थोड़ी देर बाद तमाशाई या तो मोहज़्ज़ब होने लगते हैं या अपने घर की राह लेते हैं। मीर, सौदा, ग़ालिब, ज़ौक की तरह इज़्ज़त उसी शायर को मिलती है जो सच्चा और दिल को छूनेवाला शायर होता है। ड्रामा या गुलूकारी का खेल वक़्ती है। अगर मुशायरा इस शेर से लुटता है-

गुल से लिपटी हुई तितली को गिराकर देखो
आँधियों तुमने दरख़्तों को गिराया होगा

तो भी यह शेर अच्छा है और अगर यह शेर रिसालों में छपता है तो अपनी अनोखी अमीरी और हुस्ने-तख़य्युल की वजह से ज़िन्दा रहेगा। इस तमहीद की ज़रूरत यूँ पेश आयी कि जब मैंने कैफ़ भोपाली को एक रिन्दे-सरमस्त पाया जो अपनी शायरी में जमालो-जलाल का पैकर हैं। वो रिसालों से बेनियाज़ रहे इसमें उनका क़ुसूर है। अपने मजमुओं को तरतीब नहीं दिया ये भी ज़ियादती है, लेकिन अस्ल कमाल तो कर दिखाया यानी ऐसे शेर कहे जिनको ज़माना सदियों-सदियों याद रखेगा। कैफ़ भोपाली ग़ज़ल की ढाई-तीन सौ सालों की ज़िन्दा रिवायत के समन्दर में खिला नया फूल हैं। 'मीर' नुक़ाते-शेर में तलाशे-लफ़्ज़े-सादा, ग़नाईयत, हुस्न, सदाक़त, तश्बीहात और इस्तिआरे की नुदरत को अच्छी शायरी की बुनियादी ख़ूबियाँ मानकर अपने अहद के शायरों का तज़किरा लिखते हैं। उन्होंने नुक़ाते-शेर ऐसे लिखी जैसे ख़ुदा-ए-सुख़न फ़ैसला कर रहा हो जिसको आधा शायर कह दिया वो अपनी तमाम मुतवस्सिफ़ाना बुज़ुर्गी के साथ आधा ही शायर रहा (दर्द) और जिसको ना-शायर लिख दिया और कहा ज़ायक़ा-ए-शेरफ़हमी

मुतलक़ नदारद तो दो सदियाँ गुज़र गयीं मगर 'मीर' का फ़ैसला मतरूक नहीं हुआ।

इनामुल्लाह ख़ाँ 'यक़ीन' अपने दौर में अपने हुस्न, जवानी ख़ानदानी वजाहत और शामियाना तोड़ कलाम से मुशायरों में छा जाने का हौसला रखते हैं मगर अब ऐसे असातिज़ा भी कम मिल सकेंगे जो इनामुल्लाह ख़ाँ 'यक़ीन' के पाँच शेर भी सुना सकें।

कैफ़ भोपाली ने बड़ी छटी हुई दो नहीं सौ साला तसव्वुफ़ की तहज़ीबी नग़्मगी पायी है, उनकी ग़ज़ल बादशाहों और अमीरों के लिए जलाल और हम आप जैसे दिल-ज़दगान के लिए जमाल ही जमाल है।

कैफ़ साहब के यहाँ मुतवस्सिफ़ाना क़लन्दरी का अन्दाज़ देखें-

आ तेरे मालो-ज़र को मैं तक़दीस बख़्श दूँ
ला अपना मालो-ज़र मेरी ठोकर में डाल दे

दुनिया को चंद लोग समझते हैं पायदार
ये कितनी पायदार है , ठोकर लगा के देख

उन्होंने रिवायतों की जदीद तौसी'अ की है , रिवायत को बरता नहीं बल्कि उसे नयी ज़िन्दगी की आबो-ताब अता की है। इस रिवायत में उन्होंने ज़बानो-बयान के पुराने इम्कानात को नयी मानवीयत दी है। यह मानवीयत बोझल और इस्तिआरा-ओ-तश्बीहसाज़ी नहीं बल्कि ख़ूबसूरत बरजस्तगी है-

आपकी मुहब्बत में जान भी फ़िदा कर दी
दिल ने इब्तिदा की थी, हमने इंतिहा कर दी

दिन भी गुज़ारना है तड़पकर इसी तरह
सो जा दिले-हज़ीं कि बहुत रात हो गयी

फ़ैज़ ने शैख़ो-ज़ाहिद को जाबिराने-हुकूमत के इस्तिआरे बनाकर उन्हें ख़ूब बरता है, उस शैख़ को जनरल डक्का ख़ान बनाने पर हमें ज़ियादा अफ़सोस नहीं , बल्कि यहाँ यह होता है कि इस्तिआरे को सलीक़े से बरतें तो सदियों पुराना इस्तिआरा सदियों तक

के लिए नया हो जाता। आज मिडिल ईस्ट के शुयूख़ ने अपनी ऐशतलबी में अपने-अपने मुल्कों की तमाम जदीद साईंसो-टेक्नोलाजी के साथ वही किया है जो कैफ़ साहब कहते हैं-

शैख़ बस इतना काम करेंगे
अर्ज़े-हरम नीलाम करेंगे

अहले-कफ़स आवाज़ न निकले
अहले-चमन आराम करेंगे

अब ये पूछने की ज़रूरत बेजा नहीं होगी कि तरक़्क़ीपसन्दी के मोतबर ग़ज़ल के शायरों में कैफ़ किसी से कम हैं और क्यों ? फिर तरक़्क़ीपसन्द ग़ज़ल पर किताब और मक़ाले लिखे जाने में इस नाम से ये अदम वाक़िफ़ीयत और तजाहुले-आरिफ़ाना क्यों रहा है?

कैफ़ भोपाली अपनी तमामतर सरमस्त बग़ावतों में भी उस आला तहज़ीब का ख़ूबसूरत फूल हैं जिन्हें इस बद-अहद, नाख़्वान्दा और अर्ज़ल अहद से मुआहदा करना पड़ा और जिसका उन्हें शदीद अफ़सोस है। आज किसी बे-तहज़ीबी पर हम अपने अज़ीज़ को तंबीह नहीं कर सकते और 'कल' इन वज़ादारियों और शराफ़त का नमूना था कि किसी मुहल्ले और शहर की शराफ़तों के निगेहदार यही बुज़ुर्ग लोग होते थे जिनके सामने सीधे-टेढ़े सभी नौजवान नज़रें नीची करके चलते थे, और आज बुज़ुर्गों का यह एहतराम है कि-

फ़रिश्ते वक़्त से पहले अज़ाब देने लगे
गली के लड़के पलटकर जवाब देने लगे

कैफ़ साहब की रूह में वही ख़्वाहिश है कि वो अपने इश्क़िया बुज़ुर्गों के लिए भी कुछ करें यानी तारे-पैराहन भेजें-

लाओ भेज दूँ अपना कोई तारे-पैराहन
क़ैस कब से नंगा है जंगलों की बस्ती में

इस शेर का लहजा ज़रा तेज़ हो गया, क़ैस को तारे-पैराहन भेजना आपका क़ैस

पर करम नहीं है बल्कि उस जद्दे-आशिक़ाँ से ही हमारी पहचान होती है लेकिन कैफ़ साहब से क्या शिकायत! हम शेर कहते वक़्त सिर्फ़ बशीर बद्र होते हैं। माना वो इस ज़माने का कुछ नहीं बिगाड़ सकते लेकिन उन जुब्बा-ओ-दस्तार को सरे-बाज़ार खोलने के लिए लफ़्ज़ों से नेज़ों और नश्तरों का काम किया है-

मैं न सुक़रात न ईसा न अली हूँ न हुसैन
क्यों मिरे ख़ून के प्यासे हैं ज़मानेवाले

उनके अफ़कार में बुज़ुर्गोंवाली तहज़ीब है, कोई बे-ज़मीर शायर होता तो अपने बुढ़ापे को भूलकर झूलों में झूलने वाली जामुनी रंग की लड़कियों से बाप बनकर इस तरह बात न कहता-

ऐ लड़कियों ये बात हँसी में न टालना
जामुन की डाल पर कभी झूला न डालना

लाहौर की किश्वर नाहिद ने कुँवारियों के लरज़ा देने वाले ख़ौफ़ का इज़हार कुछ इस तरह किया है-

देखकर जिस शख़्स को हँसना बहुत
सर को उसके सामने ढँकना बहुत

लाहौर की किश्वर नाहिद ने कुँवारियों के लरज़ा देनेवाले ख़ौफ़ का इज़हार कुछ इस तरह किया है-

देखकर जिस शख़्स को हँसना बहुत
सर को उसके सामने ढँकना बहुत

और कैफ़ साहब किस ईमानदारी से तहज़ीबी क़द्रों से ना-आश्ना पत्थरदिल लड़कों को 'हम' के इस्तिआरे में इस तरह पेश करते हैं-

खेल यही खेला हमने लड़कपन से
जो भी मिला शीशा तोड़ दिया छन से

कैफ़ भोपाली की ग़ज़ल वो तमाम ख़ूबियाँ बहुत मुहज़्ज़ब अन्दाज़ में अपने अन्दर समोये हुए हैं जिनके बग़ैर ना ग़ज़ल को समझा जा सकता है ना क़दीम और अज़ीम ग़ज़ल लिखी जाती है और ना जदीद तजुर्बे मोतबर हो सकते हैं ये चन्द अश'आर अपनी मंज़रनिगारी में ऐसे दर्द छुपाये हैं जैसे चिराग़ों के सिलसिले चिलमन के पीछे झिलमिलाऐ हों इन शेरों की तशरीह या नस्र वही कर सकता है जो शायर ना हो, इतनी उर्दू से वाक़िफ़ हो जो बच्चों को ख़राब कर सके। ये अश'आर आज की ग़ज़ल के नये-नये मंज़रों में कैफ़ भोपाली का कारनामा है-

क्यों फिर रहे हो कैफ़ ये ख़तरे का घर लिये
ये काँच का शरीर ये काग़ज़ का सर लिये

ज़िन्दगी है यूँ ख़ाली जिन्दगी के ख़्वाबों से
जैसे कोई तस्वीरें नोच ले किताबों से

पत्थर की मूरतों को भी कहते हैं शाहकार
जिस्मों का ऐतबार न कर गुदगुदा के देख

कैफ़ भोपाली की ग़ज़ल में बुलंद पहाड़ों से उतरे हुए झरनों का तरन्नुम है, उनकी ग़ज़ल में ऐसी मुतनव्वे ख़ूबी है कि वो समन्दरों से गहरी है और ख़ुदा के सातों आसमान उसकी तह में हैं। कैफ़ भोपाली के यहाँ वो तवाना शगुफ़्तगी और नुदरते-एहसास है, कि भोपाल में इसका तसव्वुर भी उनके दौर के शो'अरा में नहीं है । कैफ़ भोपाली और उर्दू तन्क़ीद ने ऐसी ग़जल को ऐवाने-अदब में महफूज़ कराने में जिस ला-ताअल्लुक़ी से काम लिया है।

उससे कुछ ज़ियादा फ़र्क़ नहीं पड़ता, उनके कलाम की तवाना बरजस्तगी, मानीख़ेज़ नग़मगी उन्हें जाविदाँ कर चुकी है।

डॉ. बशीर बद्र

इज़हारे-ख़याल

ग़ालिबन 1957 की बात है जब भोपाल रियासत (सी क्लास) का वुजूद ख़त्म हो चुका था और भोपाल नये मध्य प्रदेश की राजधानी बन गया था। भोपाल की अपनी जुदागाना गंगा-जमुनी तहज़ीब, यहाँ की क़दीम रिवायात मिसाली हिन्दू-मुस्लिम इत्तिहाद, यहाँ की अदबी इंफ़िरादियत और एक मुश्तरका तहज़ीब की विरासत अपना वुजूद खोकर नये और अज़ीम मध्य प्रदेश की चका-चौंध में गुम होती जा रही थी और क्योंकि डाक्टर शंकर दयाल शर्मा की क़यादत में यहाँ की अवाम की जद्दोजहद और सियासी क़ायदीन की इज्तिमाई कोशिशों से भोपाल सबकी उम्मीदों के ख़िलाफ़ नये मध्य प्रदेश की राजधानी बना था इसीलिये दीगर इकाइयों के सियासत-दानों और BUREAUCRAT (नौकरशाही) को बा-दिल-न-ख़्वास्ता भोपाल आने पर मजबूर होना पड़ा था। भोपाल, भोपाली और ख़ास तौर से भोपाल के सरकारी मुलाज़िम अंधे त'असब्ब का शिकार बन चुके थे और ऐसा महसूस होता था कि जैसे फ़ातिहीन के लश्कर बाहर से आए हों और उन्होंने ब-ज़ोरे-शमशीर भोपाल पर क़ब्ज़ा कर लिया हो और भोपाल और भोपालियों को वो फ़ातिहीन एक मफ़्तूह-इलाक़ा और अवाम समझकर बर्ताव कर रहे थे।

उन्हीं दिनों की बात है, गवर्नमेंट हमीदिया कालिज मंटो हाल की इमारत में वाक़े था मोतीलाल साइंस कालिज भी हमीदिया कालिज का ही एक हिस्सा था जो बाद में एम. वी. एम. बना दिया गया। हम लोग इंटरमीजिएट पास करने बाद थर्ड ईयर के तालिबे-इल्म थे, हम लोगों को जहाँ भोपाल के राजधानी बनने की ख़ुशी थी वहाँ एक दिली अफ़सोस ये भी था कि हमें मंटो हाल की इमारत छोड़कर एक दूसरी इमारत में जाना पड़ रहा था। क्यूँकि मंटो हाल अब नये मध्य प्रदेश की विधानसभा (मजलिसे-क़ानून-साज़) बन चुका था और वहाँ तेज़ी से मंटो हाल के तारीख़ी हाल में जो हमारे कालिज की तहज़ीबी और सक़ाफ़ती और कालिज इलेक्शन की सरगर्मियों का मरकज़ रहा करता था। जहाँ अज़ीमुल-शान जलसे और मुशायरे मुन'अक़िद हुआ करते थे, जहाँ प्रोफ़ेसर जां निसार अख़्तर, मशहूर शायर और उर्दू डिपार्टमेंट की सरबराह की रहनुमाई में अंजुमन तरक़्क़ी-पसंद मुसन्निफ़ीन का दूसरा इजलास मुन'अक़िद हुआ था वही तारीख़ी और अहद-साज़ हाल अब मध्य प्रदेश विधानसभा में तब्दील हो चुका था और जहाँ विधानसभा इजलास की तैयारी के लिये बहुत तेज़ी से काम हो रहा था।

उसी ज़माने की बात है कि मैं और मेरे कालिज के कुछ साथी मुहम्मद ख़ालिद क़ुरैशी, एम. रिज़वान ज़ाहिद, क़मर मुहम्मद ख़ां और दीगर कई साथी अपनी साइकिलों पर आठ-आठ आने फ़िक्स उठाकर के हमीदिया कालिज से अब्राहिम पूरे के लिये रवाना

हुए। हमारी मंज़िल अहद होटल थी, जिसकी ख़ास दिलचस्पी वहाँ के करता-धरता और मशहूर शायर मुहम्मद अली 'ताज' और उनकी शायरी थी मगर ग़ालिबन हम लोगों में से अक्सरियत की ज़्यादा दिलचस्पी वहाँ चार आने का मिलने वाला फ़ालूदे का गिलास और एक रुपए के 14 कबाब और एक रुपए के 14 समोसे थे (उस ज़माने में एक आने के चलन का रिवाज़ था और एक रुपए में '16' आने हुआ करते थे) आठ-आठ आने हर एक से लेकर जमा की हुई रक़म मेरे पास थी अब्राहिम पूरे के मोड़ से अहद होटल जाने के लिये जब भी हम सुल्तानिया रोड से दाख़िल होते तो रास्ते में शर्क़ी बुक डिपो पर वहाँ के मालिक और क़ाबिले-एहतराम जनाब शर्क़ी उस्मानी से कुछ देर रुककर सलाम-दुआ करना ज़रूरी हुआ करता था, इसीलिये हस्बे-आदत शर्क़ी साहब को सलाम कर के उनसे बातचीत होने लगी, बातों के दौरान यकायक मेरी निगाह एक नयी किताब पर पड़ी, जिसका नाम 'शोला-ए-हर्फ़' और शायर का नाम 'कैफ़' नुमायाँ तौर पे नज़र आ रहा था, मैंने फ़ौरन आगे बढ़कर किताब उठाई, ये 'कैफ़ भोपाली' का ग़ालिबन पहला शेरी मजमुआ था जो मारूफ़ शायर इशरत क़ादरी के "मरकज़े-अदब भोपाल" ने शाए किया था और उसकी क़ीमत सिर्फ़ एक रुपया थी और किताब का पहला वरक़ खुलते ही 'ग़ालिब' के इस शेर के दीदार हुए-

"लिखता हूँ 'असद'! सोज़िशे-दिल से सुख़ने-गर्म
ता, रख न सके कोई मिरे हर्फ़ पर अंगुश्त"

मैंने फ़ौरन दोस्तों के जमा किये हुए पैसों में से जो फ़ालूदा, समोसों और कबाब के लिये थे एक रुपया शर्क़ी साहब की नज़्र कर दिया और किताब लेकर अहद होटल की तरफ़ रवाना हो गये। होटल में फ़ालूदा का गिलास ख़त्म करने के बाद जब समोसों और कबाब का आर्डर दिया, मेरे सारे साथी जिनके पैसे मेरे पास जमा थे, चिल्लाने लगे। "जिस क़दर रक़म इकट्ठा की है उस हिसाब से आर्डर कम क्यों कर रहे हो?" मैंने कहा, "एक रुपया 'कैफ़' साहब के मजमुआ-ए-कलाम की नज़्र हो गया"। तो उनमें से कई एक ने मुझे ख़ूब गालियाँ दीं लेकिन ज़्यादा गालियाँ 'कैफ़' साहब और उनके मजमुआ-ए-कलाम को पड़ीं जिसकी वजह से उनको पूरी मिक़दार में समोसे और कबाब न मिल सके थे।

मैं न तो कोई नाक़िद हूँ न शायर और न ही ख़ुदा-न-ख़्वास्ता कोई दानिशवर .... जो किसी भी बड़े शायर के कलाम के फ़िक्रो-फ़न की ख़ूबियों या ख़ामियों की निशान-दही ही कर सकूँ...

क्यूँकि ये मेरी लियाक़त से बाहर है! इसीलिये 'कैफ़ भोपाली' के बारे में इज़हारे-

ख़याल में सिर्फ़ एक आम इंसान और क़ारी की हैसियत से कर रहा हूँ जिसके ज़िन्दगी के दर्द को शोरा अपने कलाम का महवर बनाते हैं..... मगर इस बे-बस आम इंसान को कभी भी इसके दर्द का मदावा नहीं मिलता.....

'कैफ़' साहब को हम अपने स्कूल के ज़माने से ही मुशायरों में सुनते आ रहे थे और यूँ चलते-फिरते अक्सर उनसे सामना हो जाता था क्यूँकि वो भी शाहजहाँ आबाद में ही रहा करते थे, जहाँ हम लोग भी पले-बढ़े और जवान हुए। अगर मैं ये कहूँ कि 'कैफ़' साहब भोपाल के अकेले मादर-ज़ाद शायर थे तो ग़लत न होगा और बचपन में जब कोई शेरो-शायरी समझने का शऊर भी नहीं था उनकी एक नज़्म "भूका भोपाल" अवामी गीत बन चुकी थी -

भूका है भोपाल
चीख़ रहा है, गूँज रहा है, फ़ाक़ा और इफ़लास
फ़ाक़ा और इफ़लास है गोया, आँधी और भौंचाल
भूका है भोपाल
मुल्ला साहब लेकर भागे, मस्जिद की क़न्दील
पंडित जी बाज़ार में बेचें मन्दिर के घन्टाल
भूका है भोपाल
ऊँचे-ऊँचे "उश्शाक़ों" के दबके-दबके क़ल्ब
अच्छे-अच्छे माशूक़ों के पिचके-पिचके गाल
भूका है भोपाल

वामिक़ जौनपुरी की "भूका है बंगाल" उस वक़्त तक पढ़ने के क़ाबिल नहीं हुए थे उसके बाद जिस नज़्म का मेरे ज़ेहनो-दिमाग़ पर अब तक गहरा असर है वो उनका "मज़दूरों का कोरस" है और उसकी ख़ास तौर से याद मुझे इसीलिये है कि उस ज़माने में आल-इंडिया यूथ फ़ेस्टिवल ताल-कटोरा गार्डन देहली में हुआ करता था जिसमें उस वक़्त के वज़ीरे-आज़म पंडित जवाहर लाल नेहरू ज़ाती तौर पर शिरकत किया करते थे। तमाम हिन्दोस्तान की यूनिवर्सिटियों के मुन्तख़ब ड्रामे, ग्रुप सांग्स और डिबेट के मुक़र्रिर शरीक होते थे, और इसीलिये हर यूनिवर्सिटी के मुलहक़ा कालिजों में अपनी-अपनी यूनिवर्सिटियों की सतह पर ये मुक़ाबले मुनक़्क़िद हुआ करते थे और सबसे अच्छे प्रोग्राम को यूनिवर्सिटी की तरफ़ से आल-इंडिया यूथ फ़ेस्टिवल में भेजा जाता था, हमने हमीदिया कालिज की तरफ़ से 'कैफ़' की इस नज़्म को ग्रुप सांग्स के तौर पर तैयार कर लिया था,

भोपाल के होनहार फ़रज़ंद शाहिद कमाल पाशा जो अब पाकिस्तान के एक मुमताज़ सहाफ़ी हैं, उन्होंने अपनी पुरसोज़ और मुअस्सिर आवाज़ में इस ग्रुप सांग का मरकज़ी किरदार निभाया और अपनी पायदार आवाज़ से इस गीत में जान डाल दी......

खेतों में हम हैं, माटी का जीवन
मीलों में हम हैं, लोहे का ईंधन
फ़ौजों में हम हैं बाँके सिपहिया
हय्या रे हय्या, हय्या रे हय्या
तेलों के चश्मे, हमने निकाले
तोड़ी चटानें, फोड़े हिमाले
हमने घुमाया, धरती का पहिया
हय्या रे हय्या, हय्या रे हय्या

और ख़ास तौर से आख़िर में हँसिये और हथोड़े हाथों में लेकर अदाकारी करने वाले तलबा मज़दूरों और किसानों के लिबास में जब गाते थे।

साथी न घबरा, बढ़ता चला चल
थोड़े बहुत हैं घनघोर बादल
फिर इसके आगे मंज़िल है भैया
हय्या रे हय्या, हय्या रे हय्या

और उनकी आवाज़ की बाज़गश्त जब हाल में गूँजी थी तो एक लम्हे के लिये बहुत से दिलों में उम्मीदों और आरज़ूओं की एक नयी क़न्दील रौशन हो जाती थी और एक मिनट को लगता था जैसे वाक़ई घनघोर बादलों का सीना चाक कर के बत्न-गेती से एक नया आफ़ताब पैदा होने वाला है और ऐसा लगता था कि बस अगले ही मोड़ पर मंज़िल मिल जाएगी.....

ऐ बसा आरज़ू कि ख़ाक-शुदा......

'कैफ़' की एक और नज़्म "चार अनासिर" भी जो "शोला-ए-हर्फ़" में शामिल है बहुत दिनों तक मेरे दिलो-दिमाग़ पर छाई रही। क्यूँकि शायद उसके हर लफ़्ज़ में समाज

और उसकी तबक़ाती कश्मकश की अक्कासी की गयी थी जिसका हम सब शिकार थे। उनकी एक ग़ज़ल भी बहुत दिनों तक उस ज़माने में हम नौ-जवानों का मौज़ू-ए-गुफ़्तगू रही ....

ज़ौक़े-सफ़र की क़सम, अज़्मे-जवाँ की क़सम
मौत हमें आएगी, और मरेंगे न हम

राह में आयी थी कल वादी-ए-दैरो-हरम
दिल ने कहा था रुको, फ़र्ज़ पुकारा न थम

तेरे मेरे दरमियाँ जंग बस इतनी सी है
तुझको ख़ुदा का मलाल, मुझको ख़ुदाई का ग़म

मेरी ख़िरद के लिये, एक गरेबाँ बहुत
मेरे जुनूँ के लिये एक ज़माना भी कम

इसी तरह 'कैफ़' का एक और शेर जो अगरचे 'फ़ैज़' की मशहूर नज़्म "रक़ीब" से मुतासिर है मगर इन्फ़िरादी अन्दाज़, तेवर और लहजा रखता है.....

इधर आ रक़ीब मेरे, मैं तुझे गले लगा लूँ
मिरा इश्क़ बे-मज़ा था तिरी दुश्मनी से पहले

इसके अलावा एक और शेर याद आ रहा है जिस मौज़ू पर "ग़ालिब" से लेकर "फ़ैज़" और "मजरूह" सबने ही अपने-अपने अन्दाज़ में तब्अ-आज़माई की है लेकिन 'कैफ़' का भी ये शेर फ़िक्रो-फ़न के लिहाज़ से एक अनोखे अन्दाज़ में है-

कल तलक मंसूर था दारो-रसन के सामने
जिस जगह हम हैं वहाँ दारो-रसन ख़तरे में है

इस मुनफ़रिद अन्दाज़ में और इसी मज़मून का एक और शेर है-

अज़मते-सुक़रातो-ईसा की क़सम
दार के साये में हैं दाराइयाँ

'कैफ़' साहब अगरचे एक बुलन्द-पाया शायर थे लेकिन कहीं-कहीं उनकी शायरी में सतहीपन नागवार भी गुज़रता है -

एक कमी थी ताजमहल में
मैंने तेरी तस्वीर लगा दी

या

जंगल की चाँदनी हो कि हो सुब्ह का नमक
दोनों में इक झलक सी तुम्हारे बदन की है

'कैफ़' की सारी शायरी जहाँ एक तरफ़ रिवायती इश्क़ के सुरूर में डूबे हुए जज़्बात का मुकम्मल इज़हार है

वहीं इस संगलाख़ धरती पर जू-ए-शीरो-तेशा-ओ-संगे-गराँ की दास्तान भी इंसानी इस्तेहसाल, समाज की ना-बराबरी और ना-इंसाफ़ी, तबक़ाई कश्मकश, मुहब्बत-कश अवाम की जद्दोजहद और इंक़लाब की घनगरज का ऐलान भी है।

मेरी ना-चीज़ राय है कि 'कैफ़' अपनी ज़िन्दगी और उसके मामूलात में एक सलीक़ा पैदा करते और इक मुनज़्ज़म ज़िन्दगी गुज़ारते तो शायद अदबी तारीख़ में उनका मुक़ाम बहुत बुलन्द होता। अपने ला-उबालीपन की वजह से वो अपने ज़ेहनो-दिमाग़ का वो इस्तेमाल नहीं कर सके जो उनकी सलाहियतों को जिला बख़्शता। "शोला-ए-हर्फ़" की तपिश हो या "कू-ए-बुताँ" की आवारगी या मफ़हूम अल क़ुरान की पाकीज़गी और तहारत-कोशी भी उनकी शख़्सियत में बुनियादी तब्दीली नहीं ला सकी। अपनी सारी ज़िन्दगी उन्होंने सहबा-ओ-जाम की आलूदगी में ग़र्क़ कर दी और उसमें अपने क़लम को डुबो-डुबोकर अपनी उँगलियाँ फ़िगार करते और अपने कलाम को रक़म करते रहे। ज़िन्दगी की इस दास्तान को अगर उन्होंने अपने क़लम को सिर्फ़ ख़ूने-दिल में डुबोकर ग़मों की हिकायते-ख़ूँ-चकाँ लिखी होती तो शायद उनका एक अहद-साज़ शख़्सियत में शुमार होता। पता नहीं ये तक़दीर और हालात का अल्मिया है या तारीख़ का फ़ैसला कि बे-पनाह शोहरत पाने के बाद भी 'कैफ़' साहब उस मंज़िलो-मक़ाम तक नहीं पहुँच सके जिसके वो हक़दार थे और जिसकी सारी सिफ़ात उनमे मौजूद थीं जिनका बद-क़िस्मती से वो सहीह तौर पे इस्तेमाल नहीं कर पाए। लेकिन अपनी इस तमाम ग़ैर-मुनज़्ज़म ज़िन्दगी

और ला-उबालीपन के बावजूद 'कैफ़' साहब बरसों तक हिन्दोस्तान के मुशायरों की जान बने रहे और उनको ज़ेरो-ज़बर करते रहे। उन्होंने शायर की हैसियत से भोपाल के अदब का परचम कश्मीर से कन्याकुमारी तक ला-तादाद मुशायरों में बुलन्द किया और अवाम में बे-पनाह मक़बूलियत हासिल की और उर्दू-अदब में अपने लिए एक मुनफ़रिद जगह महफ़ूज़ कर ली जो अर्सा-ए-दराज़ तक क़ायम रहेगी लेकिन शायद वो ख़ुद ही अपने ही इस शेर को सारी ज़िन्दगी नहीं समझ पाए-

चंद सितारों के बाद, मंज़िले-महबूब है
हौसला-ए-आशिक़ाँ, और ज़रा दो क़दम

अज़ीज़ क़ुरैशी
चेयरमैन
मध्य प्रदेश उर्दू अकादमी
भोपाल

पेश लफ़्ज़

उर्दू हिन्दोस्तान की ज़बानों में एक बहुत अहम और ताक़तवर ज़बान है जो अपने लबो-लहजे की तवंगरी और शीरीनी के बायस हर दिल-अज़ीज़ और मक़बूले-आम है इस ज़बान की अपनी इक तहज़ीब और अपनी एक अज़ीमुश्शान रिवायत इस मुल्क के तूलो-अर्ज़ में रही है। हिन्दोस्तान की दीगर ज़बानों की तरह मरकज़ी और रियासती हुकूमतें उर्दू की तरक़्क़ी-ओ-तरवीज के लिए भी कोशाँ हैं और अपने-अपने दायरा-ए-कार और वसाइल के मताबिक़ अमल कर रहे हैं। इस ज़बान की हमागीर तरक़्क़ी के लिए इन रियासतों में जहाँ उर्दू बोलने और पढ़ने वालों की मक़बूल तादाद है, उर्दू अकादमियाँ क़ायम की गयी हैं मध्य प्रदेश भी उन रियासतों में शामिल है जहाँ बाक़ायदा उर्दू अकादमियाँ बर-सरे-अमल हैं।

उर्दू ज़बानो-अदब की हमाजहती-ओ-तरक़्क़ी के अलावा मध्य प्रदेश उर्दू अकादमी के मक़ासिद में ये बात भी शामिल है कि इस सूबे के अदीबों, शायरों, नक़्क़ादों और दीगर मुसन्निफ़ों की किताबें बाएहतमाम शाए होकर मंज़रे-आम पर आयें। इस अम्र के लिए अकादमी मुसन्निफ़ों की दो तरह मुआवनत करती है अव्वल ये कि वो अदीब जो अपनी तसानीफ़ की ख़ुद इशाअत करना चाहते हैं उन्हें माकूल माली-तआवुन देती है, दूसरे ये कि अकादमी किताबों की इशाअत का ख़ुद भी मंसूबा रखती है जिसके तहत सूबे के बाज़ मुसन्निफ़ों की किताबें अकादमी की तरफ़ से शाए की जाती हैं। इन दोनों उमूर का फ़ैसला माहेरीन पर मुश्तमिल कमेटी की राय के मुताबिक़ किया जाता है।

ज़ेरे-नज़र किताब अकादमी के अपने इशाअती मंसूबे का एक हिस्सा है। हमें उम्मीद है कि उर्दू हलक़ों में इस किताब की ख़ातिर ख़्वाह पज़ीराई होगी।

एम. वक़ीह अहमद
सेक्रेट्री मध्य प्रदेश उर्दू अकादमी भोपाल

कैफ़ भोपाली- अपने समय का एक अलबेला शायर

देवनागरी लिपि में उर्दू साहित्य के प्रकाशन की परम्परा नयी नहीं है। इस सिलसिले की कड़ियाँ हमें काफ़ी पीछे तक दिखाई देती हैं और यह सिलसिला आज भी वर्तमान है। बल्कि इसका दायरा और भी व्यापक हो चुका है। क्योंकि आज हिन्दी का रुचि सम्पन्न पाठक अपने आपको उर्दू साहित्य के काफ़ी क़रीब महसूस कर रहा है।

हम जानते हैं कि इसी देश में बनते और सँवरते हुए धीरे-धीरे हर ख़ासो-आम की बोली ने एक नयी भाषा उर्दू का रूप लिया और बाद को अपना स्वतंत्र अस्तित्व क़ायम कर अपने मीठे लबो-लहजे के कारण उस हर होंट पर थिरकने लगी जो अपनी बात, न केवल प्रभावशाली ढंग से कहना चाहता था बल्कि बहुत ख़ूबसूरत अंदाज़ में स्वयं को अभिव्यक्त भी करना चाहता था। इस सम्बन्ध में, यह बात अवश्य ही दुखद है कि एक ही संस्कृति के दो भाषा रूपों को, कुछ तो ऐतिहासिक और कुछ राजनैतिक कारणों से दो अलग-अलग रास्ते अपनाने पड़े, क्योंकि निरंतर ही दोनों के बीच दूरियाँ पैदा की गयीं। लेकिन सुखद यह है कि इन दोनों रास्तों की मंज़िलें अलग नहीं हैं। इस कुप्रयास के पीछे निश्चित ही कोई धार्मिक सांस्कृतिक कारण भी नहीं बल्कि विशुद्ध राजनैतिक कारण ही रहे, और हम जानते हैं कि इस प्रकार के राजनैतिक कारण कभी भी ठोस एवं स्थाई नहीं होते।

उर्दू और हिन्दी दोनों ही समान रूप से हमारी सांस्कृतिक विरासत हैं, क्योंकि हमारे इतिहास के एक कालविशेष में हमारी सांस्कृतिक आवश्यकताओं के तहत इनका जन्म हुआ है। इस कारण हमारी साझा संस्कृति में इनकी जड़ें संयुक्त रूप से बहुत गहरे में जमी हुई हैं, जिन्हें कोई भी बनावटी प्रयास कभी अलग नहीं कर सकता।

यह संग्रह 'ख़्वाबों का शहर' उक्त मान्यता को बल भी प्रदान करता है और हमारे कथन को प्रमाणित भी करता है।

इस किताब या कैफ़ और शायरी मुताल्लिक कुछ कहने की ज़रूरत इसलिए महसूस नहीं करता कि कैफ़ और उनकी शायरी किसी त'आरुफ़ की मोहताज नहीं है। कैफ़ साहब ने अपने को अभिव्यक्त करने के लिए अपना एक विशिष्ट लहजा इख़्तियार किया था, जिसने उनकी सबसे अलग पहचान बनाई। यद्यपि अभी संजीदगी से उनका मूल्यांकन होना बाक़ी है लेकिन यह बात निश्चित रूप से कही जा सकती है कि जब समीक्षकों और साहित्यिक आलोचकों की क़लम चलेगी तो कैफ़ साहब को उस मुक़ाम पर देखा जा सकेगा जिसके वे वास्तविक हक़दार थे।

कैफ़ साहब का पूरा नाम ख़्वाजा मुहम्मद इदरीस 'कैफ़' भोपाली था। आपका जन्म 20 फ़रवरी 1917 को भोपाल में हुआ और भोपाल से ही 24 जुलाई 1991 को वे इस

दुनिया-ए-फ़ानी से इंतिक़ाल कर गये।

दरअस्ल रुचि सम्पन्न मित्रों का काफ़ी समय से आग्रह था कि कैफ़ साहब को देवनागरी में प्रकाशित किया जाना चाहिये ताकि हिन्दी का पाठक वर्ग भी उन्हें पढ़ सके। इसलिये अपने समय के इस महत्वपूर्ण शायर के प्रति अपनी श्रद्धांजलि, देवनागरी लिपि में पुस्तक के रूप में प्रस्तुत कर रहा हूँ।

अनवारे इस्लाम

09893663536

भोपाल

(यह लेख अनवारे इस्लाम साहब ने उनकी सम्पादन में आयी किताब 'आज उनका ख़त आया' जो कि कैफ़ साहब का इंतेख़ाब था, के लिए लिखा था। अनवारे इस्लाम साहब उर्दू में एक अहम नाम हैं उनका ये मज़मून कुल्लियात में शामिल होने से रह न जाए इसी ऐतबार से इसे भी शामिल कर लिया गया है।)

कैफ़ भोपाली-एक नज़र में
(1917-1991)

ये जश्ने-सोहबते-याराँ बहुत है
घड़ी भर दर्द का दर्मां बहुत है

कैफ़ साहब ने सोहबते-याराँ का जश्न, घड़ी भर नहीं आधी सदी से ज़्यादा अर्से तक मनाया। रतजगे मनाये, धूमें मचाईं, किसी को प्यार किया, किसी से झगड़े, किसी से रूठे, किसी को मनाया, किसी के नाज़ उठाए, किसी से नाज़ उठवाए। मुशायरों को लूटा, शेरों से कभी दिलों पर मरहम रखा, कभी लहू को गर्माया। मक़्बूलियत और शोहरत (प्रसिद्धि) की बुलन्दियों को छुआ, मयकदों की ख़ाक छानी,क़ुर'आन का मफ़्हूम-नज़्म (पद्यानुवाद) किया। सत्तर साल हँसते बोलते जीकर जब बीमार पड़े तो फिर न उठे।

कैफ़ साहब भोपाल के सबसे अलबेले और चहेते शायर थे। उनकी माता जी ख़ुद शायरा थीं। उन्होंने जिस माहौल में आँख खोलीं वहाँ ग़ज़ल की सतरंगी फुहार पड़ रही थी। ज़की वारसी, महवी सिद्दीक़ी, शरीफ़ फ़िक्री, मुनीर भोपाली, माइल नक़्वी और हामिद सईन ख़ां, दाग़ और मीर के रंगे-सुख़न से दामन छुड़ाकर ग़ज़ल के नये इम्कानात (सम्भावनाएँ) आशकारा कर रहे थे और उनकी शेवा बयानियों से भोपाल की अदबी फ़ज़ाएँ गूँज रही थीं।

कैफ़ साहब को क़ुदरत ने शेरगोई का सलीक़ा ही नहीं और पढ़ने का अनोखा अन्दाज़ भी दिया था। इसीलिए आरम्भिक अभ्यास के ज़माने को छोड़कर उन्हें मुशायरों में अपने लिये जगह बनाने में देर नहीं लगी। इसका एक विशेष कारण यह था कि कैफ़ की ग़ज़लें संगीत से रची रही हैं। उनके शब्द ख़ुद गुनगुनाते हुए सुनने वाले को अपने साथ बहाते हुए ले जाते हैं। वे जब तक जिये मुशायरों की जान बने रहे। भोपाल में इतनी मक़्बूलियत शायद ही किसी शायर को हासिल हुई हो कि उसकी पूरी की पूरी ग़ज़लें, लोगों को ज़ुबानी याद हों।

कैफ़ साहब पचास साल से ज़्यादा अर्से तक ग़ज़लें नज़्में और गीत लिखते रहे। उनकी नज़्मों और गीतों ने भी श्रोताओं की भरपूर प्रशंसा प्राप्त की। लेकिन देखा जाए तो उन्हें प्रसिद्धि दिलाने में उनकी इश्क़िया शायरी ही का योगदान है। इसमें शक नहीं कि कैफ़ की ग़ज़ल उन्हीं राहों से गुज़री है जो ग़ज़ल की परम्परागत राहें हैं। लेकिन उनकी ग़ज़ल में जो आशिक़ाना बाँकपन और हुस्नो-सदाक़त (सच्चाई) है वो सिर्फ़ उनका हिस्सा है। उन्होंने अपनी ग़ज़ल में अगलों के अनुभवों पर संतोष नहीं किया, ख़ुद अपने दिल की धड़कनों

को समो दिया है और इस लुत्फ़ के साथ कि उनकी ग़ज़ल आपबीती होते हुए भी जगबीती मालूम होती है।

तख़्लीक़े-अदब (साहित्य-सृजन) का कोई नाम नहीं होता। वह ख़ुद न तो परम्परागत होता है न प्रगतिशील। वह एक ऐसे ख़्वाबनाक माहौल में जन्म लेता है जो ज़मानो-मकान (देशकाल) की क़ैद से आज़ाद होता है।

तख़्लीक़े-अमल के दौरान (सृजन के दौरान) फ़नकार के ज़ेहन (मस्तिष्क) में न कोई सूरत होती है न हैयते-तरकीबी (रूप और आकार)। हाँ मौज़ू'आती (विषय प्रधान) शायरी में इसका लिहाज़ रखा जाता है कि शेर का त'अल्लुक किसी न किसी शक्ल में मौज़ू (विषय) से क़ायम रहे। लेकिन मौज़ू जब ख़ुद शेरी पैरहन (लिबास) इख़्तियार करने की मंज़िल से गुज़रता है तो फ़नकार का ज़ेहन इन बन्दिशों से आज़ाद होता है जो मौज़ू का तकाज़ा होती हैं। इसीलिये एक शायर के कलाम में मौज़ू'आती फ़िक्रें भी उसी ख़्वाबनाक फ़ज़ा (वातावरण) की पर्वर्दा (पाली हुई) होती हैं जो गैर मौज़ू'आती शायरी के लिये मख़्सूस (विशिष्ट) है।

'शेर क्या है?' ये बहस पुरानी होते हुए भी नयी है। इसलिये मुझे अर्ज़ करने की इजाज़त दीजिए कि हक़ीक़त में शेर वो है जिससे हमारा ज़ेहनी और जज़्बाती (मानसिक और भावात्मक) राबता (सम्पर्क) मुस्तक़िल (स्थाई) हैसियत रखता हो। जो हमारी तन्हाई का रफ़ीक़ (प्रिय साथी) भी हो और हमारी मजलिस का शरीक भी। जो हमारा हमसफ़र भी हो और हमारी राहों का राहबर (पथप्रदर्शक) भी। जो हमारे होटों पर तबस्सुम (मुस्कराहट) बनकर खेले और हमारी अंधेरी रातों में रौशनी की किरन बनकर फूटे, जो हमारे दिल में हूक बनकर उठे और पलकों पर आँसू बनकर चमके। इस ऐतबार से कैफ़ के अश'आर (शेरों) से हमारा रिश्ता गहरा भी है और पुराना भी।

कैफ़ साहब वक़्त के तक़ाज़ों (समय की माँग) और असरी रुज्हानात से ख़ूब परिचित थे। उन्हें प्रगतिशील साहित्य-आन्दोलन से गहरी वाबस्तगी थी। वो अपनी गर्मनवाई (आवाज़) की बिना पर क़ैदो-बन्द की सऊबतें भी बर्दाश्त कर चुके थे। लेकिन वाक़या ये है कि मेह्र-वफ़ा (प्रेम) की दास्तान सुनाते वक़्त उनका आलम कुछ और ही होता है। वो मुजस्सम इश्क़ बनकर नवा पैरा (आवाज़ देना) होते हैं और ज़िन्दगी की सारी सदाक़तों (सच्चाइयों) को अपने बयान में समो लेते हैं।

आपकी मुहब्बत में, जान भी फ़िदा कर दी
दिल ने इब्तिदा की थी, हमने इन्तिहा कर दी

नाम ले-ले के सरे-राह पुकारूँगा तुझे
इतनी बढ़ जायेगी वहशत मुझे मालूम न था

कौन है ये दीवाना, तेरे घर के पास आकर
पूछता है अपना घर, सारे राहगीरों से

इधर आ रक़ीब मेरे, तुझे मैं गले लगा लूँ
मिरा इश्क़ बे-मज़ा था तिरी दुश्मनी से पहले

कैफ़ का वालिहानापन, उनकी चोट खाई हुई तबीअत, उनके लहजे का गुदाज़ और उनकी भरपूर नग़मगी ने उनकी इश्क़िया शायरी को ज़िन्दा शायरी का दर्जा बख़्श दिया है। वो इश्क़ के एक-एक मक़ाम से वाक़िफ़ हैं और हुस्न की एक-एक अदा के राज़दार हैं।

कैफ़ की शायरी एक रफ़ीक़े-सफ़र (प्रिय सहयात्री) की तरह हमारे साथ-साथ चलती है। वो ज़िन्दगी की करवटों को समेटे आरज़ूमन्दियों और महरूमियों (इच्छाओं और उपेक्षाओं) से गुज़रती है, दिलों को छूती, हमें अहसास और इरफ़ान (ज्ञान, जानकारी) की मंज़िलों से आश्ना (परिचित) कराती है। कैफ़ के इन शेरों की रिफ़ाक़त (प्रियता) को कोई कैसे भुला सकता है

बढ़े वो दामने-रंगीं से पोंछने आँसू
जब आस्तीन भी अपनी निचोड़ ली मैंने

दिन भी गुज़ारना है तड़पकर इसी तरह
सो जा दिले हज़ीं कि बहुत रात हो गयी

जंगल की तरह रात, पहाड़ों की तरह दिन
क्या-क्या मिरी हस्ती से सिवा देके गये हैं

उस सितमगर को सितमगर भी नहीं कह सकते
हाय! हम इश्क़ के मारों की ज़ुबाँ तो देखो।

आपने झूठा वादा करके
आज हमारी उम्र बढ़ा दी

कैफ़ ने समाज, माहौल और विरासत के मुर्दा तसव्वुरात (कल्पना) से ऐलानिया बग़ावत की है और इस जज़्बे (भाव) की गूंज उनकी ग़ज़ल में भी सुनाई देती है। लेकिन ग़ज़ल में ये लय सिर्फ़ उतनी ही ऊँची है जितनी ग़ज़ल की तहज़ीब इजाज़त देती है। वो इस मुक़ाम तक हर तरह के नशेबो-फ़राज़ (उतराचढ़ाव) से गुज़र कर आए हैं और उनके जज़्बा-ओ-फ़िक्र में ऐसा फ़नकाराना ठहराव नज़र आता है जो बड़ी शायरी की पहचान है। उनकी शायरी अपने ही दर्दो-दाग़ की रूदाद नहीं है, आरज़ू और जुस्तजू का मिला जुला इज़हार (अभिव्यक्ति) भी है। कैफ़ के मसलक (तौर-तरीक़ा, शैली) से परिचय के लिये इन अश'आर पर नज़र रखना ज़रूरी है

मुझको ग़मे-हयात से फ़ारिग़ न जानिये
होटों पे कुछ हँसी है सो दीवानापन की है

चुन लिया एक-एक काँटा राह का
ऐ मुबारक ये बरहना पाइयाँ

डर गया हूँ के मुझे नींद न आ जाए कहीं
जब सरे-राह कोई छाँव घनी देखी है

दैरो-हरम के बाद कहाँ जाइये कि अब
इक शम्अ रह गयी जो तिरी अंजुमन की है

जमालियात (सौन्दर्य शास्त्र) में ये बहस आज भी दिलचस्पी का मौज़ू (विषय) बनी हुई है कि इंसान को अपने आपसे मुहब्बत करने और अपनी इच्छा-पूर्ति की आज़ादी है या उसे अपनी हर इच्छा और तमाम ख़ुशियों को इस वजूद (अस्तित्व) के एहकाम पर क़ुर्बान कर देना चाहिये जिसे उसने अपना ख़ुदा समझ लिया है। कैफ़ ने इस सवाल को बड़े तीखे अंदाज़ में पेश किया है जिससे फ़ितरते-इंसानी पर उनकी निगाह की गहराई और हयातो-कायनात (जीवन और सृष्टि) के रिश्तों की जुस्तजू ज़ाहिर होती है। कैफ़ फर्माते हैं

तिरा वजूद मुसल्लम, मगर कहाँ है तू
मिरा वजूद फ़क़त वाहमा मगर हूँ मैं

इसी ग़ज़ल में उन्होंने इंसानी ज़िन्दगी की बे-ऐतबारी एक छोटी-सी तश्बीह (उपमा) के साथ पेश की है जिससे इस क़ौल की तस्दीक़ (कथन का प्रमाणीकरण) होती है कि मज़मून (विषय) दुनिया में नया नहीं होता, उस्लूब (रचना शैली) की ख़ूबी उसे ताज़ा कर देती है

जो मोतबर हूँ तो इतना ही मोतबर हूँ मैं
कि सत्हे-आब पे ठहरा हुआ शजर हूँ मैं

कैफ़ की शायरी के फ़िक्री अनासिर (चिन्तनीय तत्व) को मैं उनकी इश्क़िया शायरी से अलग कर के पेश करना नहीं चाहता। उनके यहाँ हुस्नो-सदाक़त (सौन्दर्य और सचाई) और ख़ैर, एक ही हक़ीक़त के तीन पहलू हैं जो जगह-जगह उनकी ग़ज़लों में नज़र आते हैं। कौन जाने कैफ़ के बाद कब कोई आये और ये कहता हुआ गुज़र जाये-

बाबा तुम्हारे दर पर, बरसों नहीं रहेंगे
चल देंगे हम मुसाफ़िर, शब भर क़याम करके

अख़्तर सईद ख़ाँ
20, इतवारा, भोपाल

भोपाल का चहेता और अलबेला शायर : कैफ़ भोपाली

डॉ. परवीन कैफ़

कैफ़ भोपाली का आबाई वतन लखनऊ है, वो नस्लन कश्मीरी थे। वो 20 फ़रवरी 1917 को भोपाल में पैदा हुऐ। उनके वालिद का नाम ख़्वाजा मो. इब्राहीम था, वालिदा का नाम सालेहा ख़ानम था। वो ख़ुद भी एक शायरा थीं और उनका तख़ल्लुस 'आजिज़' था। सिराज मीर ख़ाँ 'सहर' से इस्लाह लेतीं थीं। उनके इन्तक़ाल के बाद अपने ननदोई जनाब ज़की वारसी से इस्लाह लेने लगीं। उनका एक शेर है,

पिला साक़ी मये-वहदत कि दिल सरशार हो जाये
मगर सरशार ऐसा हो न फिर हुशियार हो जाये

कैफ़ साहब ने उस ज़माने के आम मुस्लिम घरानों के बच्चों की तरह इब्तिदाई तालीम घर पर ही हासिल की। उर्दू, फ़ारसी, अरबी पर ख़ासा उबूर हासिल कर लिया, फिर हिन्दी भी सीख ली।

कैफ़ भोपाली उर्दू शायरी की तारीख़ में एक जाना पहचाना नाम है जो मुशायरों की कामयाबी का ज़ामिन था। एक ऐसा नाम जिसकी ग़ज़लों में ग़मे-रोज़गार और गमे-दिल का हसीन इमतिज़ाज है। एक ऐसा नाम जो मफ़्हूम अल क़ुरान के शायर की हैसियत से अजनबी नहीं रहा। एक ऐसा नाम जिसने अपनी इन्क़िलाबी और क़ौमी नज़्मों से रियासती सरकार की नींदें हराम की और नौजवानों के लहू को गर्माया।

कैफ़ साहब के मिज़ाज को ग़ज़ल से फ़ितरी मुनासिबत थी फिर उन्होंने भोपाल के जिस हसीन माहौल में आँख खोली वो ग़ज़ल से ही इबारत था और ग़ज़ल भी वही रिवायती अंदाज़ की जिसमें फ़न का एहतराम और ग़ज़ल में असातिज़ा के बरते हुये मौज़ूआत का इल्तिज़ाम बुनियादी हैसियत रखते थे। इश्क़ो-मुहब्बत के मौज़ूआत, हुस्न और हुस्नेज़न की दास्तानें और उनके साथ वही तश्बीहे और इस्तआरे जो हमारी क्लासिकी शायरी का बेशबहा सरमाया हैं। लेकिन इन्हें बरतने का कैफ़ साहब का अन्दाज़ नया और अछूता है जिससे उनकी फ़रसूदगी ख़त्म हो गई है। इससे अन्दाज़ा होता है कि उनके यहाँ रिवायत का ऐहतराम पाया जाता है उससे बग़ावत नहीं।

शमीम अहमद रकम तराज़ हैं 'कैफ़ साहब की ग़ज़ल का इज़हारे-बयान पुरलुत्फ़ दिलचस्प और रंगीन है, उनके लहजे में एक तरह की ख़ुशगवार खनक उभरती है'।

उनकी ग़ज़लों में शिद्दते-एहसास, सादगी, सदाक़त, फ़िक्र की गहराई और नग़मगी ये तमाम औसाफ़ पाये जाते हैं। ये ही ख़ूबियाँ उनकी शायरी को ज़िन्दा-जावेद बनाने के लिये काफ़ी हैं। कैफ़ साहब ने अपनी इश्क़िया शायरी का ऐतराफ़ इन अल्फ़ाज़ में किया है।

'मैंने इश्क़िया शायरी की है लेकिन इश्क़िया शायरी का मुख़ालिफ़ हूँ, अगर उसके क़दम धरती पर ना होकर हवा पर हों'।

इसी सिलसिले में शेरी भोपाली आगे लिखते हैं 'कैफ़ साहब का एक दौर मैंने ऐसा भी देखा है जब वो सिर्फ़ आशिक़ाना शायरी करते थे और जिस मशायरे में शिरकत करते, क़ाबिले-रश्क दाद लेकर उठते थे। कोहना मश्क हज़रात के लिये ख़तरा और अपने दोस्तों और मुहब्बत करने वालों के लिये ग़ैरमामूली ख़ुशी का सबब बनते थे।'

उनकी इश्क़िया शायरी का रंग ओ आहंग मुलाहिज़ा हो

आपकी मुहब्बत में जान भी फ़िदा कर दी
दिल ने इब्तिदा की थी हम ने इंतिहा कर दी

कौन है ये दीवाना तेरे घर के पास आकर
पूछता है अपना घर सारे राहगीरों से

कैफ़ साहब बाग़ो-बहार शख़्सियत के मालिक थे। शोख़ी-ओ-ज़राफ़त उनके मिज़ाज में कूट-कूटकर भरी थी। कैफ़ साहब ने अपनी ग़ज़लों में तंज़ के तीर भी चलाये हैं लेकिन लहजे की शोख़ी ज़ख़्म नहीं लगने देती बल्कि फूलों की नर्मो-नाज़ुक चोट महसूस होती है।

झूम के जब रिन्दों ने पिला दी
शैख़ ने चुपके-चुपके दुआ दी

ज़रा खुलने तो दो बोतल, ज़रा उड़ने तो दो ख़ुशबू
कहाँ तक शैख़ साहब की, पाक दामनी नहीं जाती

कैफ़ साहब फ़न पर अपनी गिरफ़्त के इज़हार के लिये कभी-कभी ग़ैर-मारूफ़ और ऐसी बहरों का भी इन्तख़ाब करते हैं जिनमें तब'अ आज़माई करना जू-ए-शीर लाने के

मुतरादिफ़ है। मसलन कहीं मुतरादिफ़ुल मफ़हूम अल्फाज़ का इल्तिजाम रखा गया है। ये बहुत मुश्किल सन'अत है। हर शायर इसमें तब्आज़माई नहीं कर सकता।

गुम है निगाहे शोख़ हिजाबों के शहर में
पर्दों के, चिलमनों के, नक़ाबों के शहर में

ये मिज़ाजे-नाज़ को क्या हुआ, उन्हें मुझसे प्यार है आजकल
मिरी गुफ़्तगू, मिरी जुस्तजू, मेरा इन्तज़ार है आजकल

तने तन्हा मुक़ाबिल हो रहा हूँ मैं हज़ारों से
हसीनों से, रक़ीबों से, ग़मों से, ग़म-गुसारों से

कैफ़ साहब के कलाम में ज़ाती तज्रबात-ओ-मुशाहिदात का असर नुमायाँ तौर पर नज़र आता है लेकिन वो अपने इर्द-गिर्द होने वाले हादसातो-वाक़ियात से बेख़बर नहीं रहते बल्कि गहराई के साथ उनका मुताला करते हैं। ज़माने की नब्ज़ पर उनकी उँगली रहती है, वो उसकी धड़कनें महसूस करते हैं। हालात की तल्ख़ियों, तेज़ी से बदलती हुई अख़लाक़ी क़द्रों और बिगड़ती हुई तहज़ीब की अक्कासी, चुभते हुऐ लहजे और तीख़े अन्दाज़ के साथ करते हैं। डॉ. बशीर बद्र लिखते हैं :-

"कैफ़ भोपाली अपनी तमाम सर-मस्त बग़ावतों में भी उस आला तहज़ीब का ख़ूबसूरत फूल हैं जिन्हें इस बद-अहद नाख़्वान्दा और अरज़ल अहद से माहिदा करना पड़ा और इसका उन्हें शदीद अफ़सोस है। आज किसी बेतहज़ीबी पर हम अपने किसी अज़ीज़ को तम्बी नहीं कर सकते, और 'कल' इन वज़ादारियों और शराफ़त का नमूना था कि किसी मुहल्ले और शहर की शराफ़तों के निगेहदार यही बुज़ुर्ग लोग होते थे जिनके सामने सीधे-टेढ़े सभी नौजवान नज़रें नीची करके चलते थे और आज बुज़ुर्गों का यह एहतराम है कि :-

फ़रिश्ते वक़्त से पहले अज़ाब देने लगे
गली के लड़के पलटकर जवाब देने लगे"

उनकी कई किताबे मंज़रे-आम पर आ चुकी हैं

शोला-ए-हर्फ़
कू-ए-बुताँ
हिना-हिना
आहंगे-कैफ़
गुल से लिपटी हुई तितली
चाँद के पार
आज उनका ख़त आया
कुछ किताबचे भी हैं जैसे
नेहरू नामा
इन्दिरा नामा
राजीव गाँधी नामा
हुसैन डे
हुकूमत नामा

इन सबके अलावा कुरान-पाक का मंज़ूम तरजुमा 'मफ़हूम-उल-कुरान' के नाम से दुबई से शाए हो चुका है।

कैफ़ साहब ने बहुत-सी फिल्मों के गीत भी लिखे हैं जो बहुत मक़बूल हुऐ हैं उनकी फ़िल्मों में ख़ास हैं, दायरा, मान, पाकीज़ा, रज़िया सुल्तान, शंकर हुसैन वग़ैरह हैं। कैफ़ साहब की शायराना फ़ुतूहात का दौर कमो-बेश निस्फ़ सदी पर मुहीत है। तरक़्क़ी पसंद अदब की तख़्लीक़ में कैफ़ साहब का अहम हिस्सा है, उनकी शायरी ने ना सिर्फ़ एक नस्ल को मुतास्सिर किया है बल्कि उसका असर और बाज़गश्त आज भी मौजूद है।

वो वतन-परस्त भी थे जिस पर उन्होंने बहुत कुछ लिखा है। क़ौमी यकजहती के भी अलमबरदार थे, उनके कलाम को मुल्क के नामवर नक़्क़ादों ने मोतबर क़रार दिया है लेकिन फिर भी शेरो-अदब में वो मुक़ामो-मर्तबा कैफ़ साहब को नहीं मिल सका जिसके वो हक़दार थे। उनका ये शेर इस बात का ग़म्माज़ है।

बेचूँ तो ग़ालिबन मिरा आधा कफ़न बने
क़ीमत ये मेरे निस्फ़ सदी के हुनर की है

कैफ़ भोपाली के आख़िरी अशआर

इन्तिक़ाल से कुछ दिन पहले कहे हुए आख़िरी अश'आर जिनमें कैफ़ भोपाली के कहे हुए मक़्ते का दूसरा मिसरा मुकम्मल ना हो सका

सब्ज़ गुम्बद के मकीं मेरी मदद फ़रमाइए
रहमतुल लिलआलमीं मेरी मदद फ़रमाइए

हूँ गुनहगारों मे लेकिन आपकी उम्मत में हूँ
या शफ़ीउलमुज़नबीं मेरी मदद फ़रमाइए

आपके लुत्फ़ो-करम ने शोख़ कर डाला मुझे
मैं नहीं सुनता 'नहीं', मेरी मदद फ़रमाइए

आपके नज़दीक कैसे फ़ासले क्या दूरियाँ
मैं जहाँ भी हूँ वहीं मेरी मदद फ़रमाइए

दो जहाँ में 'कैफ़' को बस आपका है आसरा
.... मेरी मदद फ़रमाइए

बारगाहे-मुहम्मदी में

हाय रसूले-अनाम
उम्मते-मरहूम भी, होगी कभी नेकनाम
कुछ ना सियासी शऊर
कुछ ना हुज़ूरो-सुरूर
कोई वली औलिया, कोई मुअज़्ज़िन इमाम
हाय रसूले-अनाम
क़ौम का हर नौजवान
शेर बदन पहलवान
या है लुटेरों का दोस्त, या है किसी का ग़ुलाम
हाय रसूले-अनाम
हादिये दीने मुबीं
हो गये गोशा नशीं
कौन करे रहबरी, ये उलामा-ए-कराम
हाय रसूले-अनाम

गुम है दिमाग़ों में चन्द
और किताबों में बन्द
तेरा महकता उसूल, तेरा लचकता निज़ाम
हाय रसूले-अनाम

फ़लसफ़ी-ए-संग दिल
तंग-नज़र तंग-दिल
अक़्ल की बातें गुनाह, और तरक़्क़ी हराम
हाय रसूले-अनाम
अज़्म बढ़ा दीजिये
शम'अ दिखा दीजिये
कितने भयानक हैं दिन, कितनी डरूनी है शाम
हाय रसूले-अनाम

नाते-पाक

ये सुब्ह भी क्या सुब्ह है, ये रोज़ भी क्या रोज़
रौशन हैं दिमाग़ों में चराग़े-नज़र अफ़रोज़

आया था इसी रोज़ इक इंसाने-मुअज़्ज़म
वो सरवरे कौनैन वो पैग़म्बरे-आलम

जिसने कुलह-ओ-ताज की बुनियाद हिला दी
सरमाया-ओ-इफ़लास की तफ़रीक़ मिटा दी

अल्लाह का बेबाक ओ उलूलुल अज़्म सिपाही
अल्लाह की देता था खुले आम गवाही

इंसान को शाइस्ता-ओ-ख़ुद्दार बनाया
मज़दूर को सुल्तान के पहलू में बिठाया

इंसान को आदाबो-क़वानीन सिखाये
कुचली हुई औरत को हुक़ूक़ उसने दिलाये

यह कह के ग़ुलामों को ग़ुलामी से छुड़ाया
आज़ादी-ए-इंसाँ तो है इंसान का साया

ये रौशनी-ए-इल्मो-हुनर फ़ैज़ है उसका
ये चाँद पे इंसाँ का सफ़र फ़ैज़ है उसका

बच्चों की भी ताज़ीम करो उसने कहा है
इक मक्तबा-ए-फ़िक्र नया खोल दिया है

मेहनत से उसे दहर में जीना पसंद आया
मज़दूर के माथे का पसीना पसंद आया

हालाँकि वो बाला-ए-सलातीने-ज़मीं था
टूटे हुए छोटे से घरौंदे में मकीं था

हालाँकि ख़ुदा ने उसे बख़्शी थी ख़ुदाई
घर में थी फ़क़त एक खजूरों की चटाई

हालाँकि ज़माने के लिये फ़ैज़ था जारी
ख़ुद टाट के पैबन्द की कमली में गुज़ारी

सूखी हुई रोटी पे बसर शामो-सहर की
फ़ाक़े से रहा और किसी को न ख़बर की

इज्ज़त पे फ़िदा उसकी बुख़ारा-ओ-समरकंद
ख़ुद हाथ से जूते में लगा लेता था पैबंद

हर ज़ौक़े-तन आसानी से मुंह मोड़ के गुज़रा
ठोकर से बुते-जाहो-हशम तोड़ के गुज़रा

बे-कुर्सी-ओ-ताऊस, बिला कल्ग़ी-ओ-रेशम
वो शाहे-मुअज़्ज़म बहरहाल मुअज़्ज़म

बेवाओं का हमदर्द, यतीमों का वो हमदम
ऐ सल्ले-अला, सल्ले-अला, रहमते-आलम

हज़रत अली

अरब की घनघोर ज़ुल्मतों मे ख़ुदा ने इक आफ़्ताब भेजा
अली-ए-ख़ैबर शिकन की सूरत दिले-रिसालत मआब भेजा

लरज़ गयीं सरकशों की रूहें, दहल गये बाग़ियों के सीने
ज़मीं को आ गयी फुरहरी पहाड़ को आ गये पसीने

क़सीदा

बेकस हुसैन तन्हा मक़तल को जा रहे हैं
आबिद पुकारते हैं, बाबा हम आ रहे हैं
कब तक खड़ी रहोगी घोड़े के पाँव पकड़े
बाली सकीना छोड़ो, क़ातिल बुला रहे हैं

बेकस हुसैन ....

ज़ैनब को ये तसव्वुर बेहाल कर रहा है
भईया के बाद दुश्मन ख़ेमे जला रहे हैं

बेकस हुसैन ....

अल्लाह की ज़मीं पर इस आसमाँ के नीचे
मैदान हमदमों से वीरान पा रहे हैं

बेकस हुसैन ....

ये हौसला ये हिम्मत, ये दिल-जिगर तो देखो
बेटे की लाश अपने काँधे पे ला रहे हैं

बेकस हुसैन ....

ग़ज़लें

◉

मयकदे बंद करें लाख ज़माने वाले
शहर में कम नहीं आँखों से पिलाने वाले

हमसे दुनिया में नहीं नाज़ उठाने वाले
लौट आ बहरे-ख़ुदा रूठ के जाने वाले

चाँदनी तुमसे, शफ़क़ तुमसे, गुलिस्ताँ तुमसे
फूल ऐसे हैं कहाँ रंग जमाने वाले

तेरे मुँह पे नहीं कहते हैं ये बात अलग
बेवफ़ा तो तुझे कहते हैं ज़माने वाले

बात दबने की नहीं और भी शक फैलेगा
मेरे ख़त फाड़ के चूल्हे में जलाने वाले

◉

हाय लोगों की करम-फ़रमाइयाँ
तोहमतें, बदनामियाँ, रुसवाइयाँ

ज़िन्दगी शायद इसी का नाम है
दूरियाँ, मजबूरियाँ, तन्हाइयाँ

क्या ज़माने में यूँ ही कटती है रात
करवटें, बेताबियाँ, अँगड़ाइयाँ

क्या यही होती है शामे-इन्तज़ार
आहटें, घबराहटें, परछाइयाँ

एक रिंदे-मस्त की ठोकर में हैं
शाहियाँ, सुल्तानियाँ, दाराइयाँ

एक पैकर में सिमटकर रह गयीं
ख़ूबियाँ, ज़ेबाइयाँ, रानाइयाँ

रह गयी इक तिफ़्ले-मक्तब के हुज़ूर
हिकमतें, आगाहियाँ, दानाइयाँ

ज़ख़्म दिल के फिर हरे करने लगीं
बदलियाँ, बरखा-रुतें, पुरवाइयाँ

दीदा-ओ-दानिस्ता उनके सामने
लग़्ज़िशें, नाकामियाँ, पस्पाइयाँ

उनसे मिलकर और भी कुछ बढ़ गयीं
उलझनें, फ़िक्रें, क़यास-आराइयाँ

'कैफ़' पैदा कर समन्दर की तरह
वुस'अतें, ख़ामोशियाँ, गहराइयाँ

◉

सिर्फ़ इतने जुर्म पर हंगामा होता जाये है
तेरा दीवाना तिरी गलियों में देखा जाये है

आप किस-किसको भला सूली चढ़ाते जायेंगे
अब तो सारा शहर ही मंसूर बनता जाये है

मयकशो आगे बढ़ो, तश्ना-लबो आगे बढ़ो
अपना हक़ माँगा नहीं जाता है छीना जाये है

दिलबरों के भेस में फिरते हैं चोरों के गिरोह
जागते रहियो कि इन रातों में लूटा जाये है

तेरा मयख़ाना है या ख़ैरातख़ाना साक़िया
इस तरह मिलता है बादा जैसे बख़्शा जाये है

अब नहीं तो और कब सस्ती मिलेगी साक़िया
अब तो ये अंगूर का मौसम भी गुज़रा जाये है

मौत आयी तो तसव्वुर आपका रुख़सत हुआ
जैसे मंज़िल तक कोई रह-रौ को पहुँचा जाये है

◉

कौन आएगा यहाँ कोई न आया होगा
मेरा दरवाज़ा हवाओं ने हिलाया होगा

दिले-नादाँ न धड़क, ऐ दिले-नादाँ न धड़क
कोई ख़त ले के पड़ोसी के घर आया होगा

इस गुलिस्ताँ की यही रीत है ऐ शाख़े-गुलाब
तूने जिस फूल को पाला वो पराया होगा

दिल की क़िस्मत ही में लिक्खा था अँधेरा शायद
वर्ना मस्जिद का दिया किसने बुझाया होगा

गुल से लिपटी हुई तितली को गिराकर देखो
आँधियो ! तुमने दरख़्तों को गिराया होगा

खेलने के लिए बच्चे निकल आए होंगे
चाँद अब उसकी गली में उतर आया होगा

'कैफ़' परदेस में मत याद करो अपना मकाँ
अब के बारिश ने उसे तोड़ गिराया होगा

◉

दिल से खेलने वाले बाज़ आ लड़कपन से
आइने की हस्ती क्या टूट जाएगा छन से

शब को चाँद बन-बनकर झाँकता है इक चेहरा
नीम और इमली की पत्तियों की चिलमन से

इत्र जैसी ख़ुशबू है, बर्फ़ जैसी ठंडक है
ये हवाएँ आती हैं जाने किसके आँगन से

मौत के पसीने में ज़िन्दगी की लहरें हैं
वो हवाएँ देते हैं, शायद अपने दामन से

अपने "कैफ़" साहब का हाल कुछ निराला है
शैख़ से अदावत है, जंग है बिरहमन से

◉

कुटिया में कौन आयेगा इस तीरगी के साथ
अब ये किवाड़ बंद करो ख़ामुशी के साथ

साया है कम, खजूर के ऊँचे दरख़्त का
उम्मीद बाँधिये न बड़े आदमी के साथ

चलते हैं बच के शैख़ो-बिरहमन के साये से
अपना यही अमल है बुरे आदमी के साथ

शाइस्तगाने-शहर मुझे ख़्वाह कुछ कहें
सड़कों का हुस्न है मिरी आवारगी के साथ

लिखता है ग़म की बात मसर्रत के मूड में
मख़्सूस है ये तर्ज़ फ़क़त 'कैफ़' ही के साथ

◉

ख़ानक़ाह में सूफ़ी मुँह छुपाये बैठा है
ग़ालिबन ज़माने से मात खाये बैठा है

क़त्ल तो नहीं बदला, क़त्ल की अदा बदली
तीर की जगह क़ातिल, साज़ उठाये बैठा है

उनके चाहने वाले धूप-धूप फिरते हैं
ग़ैर उनके कूचे में साये-साये बैठा है

वाए आशिक़े-नादाँ! कायनात ये तेरी
इक शिकस्ता शीशे को दिल बनाये बैठा है

दूर-बाश ऐ गुलचीं, वा है दीदा-ए-नर्गिस
आज हर गुले-रंगीं ख़ार खाये बैठा है

◉

दाग़ दुनिया ने दिये, ज़ख़्म ज़माने से मिले
हमको तोहफ़े ये तुम्हें दोस्त बनाने से मिले

हम तरसते ही, तरसते ही, तरसते ही रहे
वो फ़लाने से, फ़लाने से, फ़लाने से मिले

ख़ुद से मिल जाते तो चाहत का भरम रह जाता
क्या मिले आप जो लोगों के मिलाने से मिले

माँ की आग़ोश में कल, मौत की आग़ोश में आज
हमको दुनिया में ये दो वक़्त सुहाने से मिले

कभी लिखवाने गये ख़त, कभी पढ़वाने गये
हम हसीनों से इसी हीले-बहाने से मिले

इक नया ज़ख़्म मिला, एक नयी उम्र मिली
जब किसी शहर में कुछ यार पुराने से मिले

एक हम ही नहीं फिरते हैं लिये क़िस्सा-ए-ग़म
उनके ख़ामोश लबों पर भी फ़साने-से मिले

कैसे मानें कि उन्हें भूल गया तू ऐ 'कैफ़'
उनके ख़त आज हमें तेरे सरहाने से मिले

◉

तेरा चेहरा कितना सुहाना लगता है
तेरे आगे चाँद पुराना लगता है

तिरछे-तिरछे तीर नज़र के लगते हैं
सीधा-सीधा दिल पे निशाना लगता है

आग का क्या है पल दो पल में लगती है
बुझते-बुझते एक ज़माना लगता है

पाँव न बाँधा पंछी का पर बाँधा है
आज का बच्चा कितना सयाना लगता है

सच तो ये है फूल का दिल ही छलनी है
हँसता चेहरा एक बहाना लगता है

'कैफ़' बता क्या तेरी ग़ज़ल में जादू है
बच्चा-बच्चा तेरा दिवाना लगता है

⦿

धीरे हाथ लगाओ रे
छिल जायेंगे घाव रे

मैं तो नहीं हूँ कोई रसूल
यूँ न करो पथराव रे

किसका लहू है सड़कों पर
देखो ये छिड़काव रे

लोग हमें समझाएँ ना
लोगों को समझाओ रे

चाँद-सितारे दिल का मोल
यूँ न गिराओ भाव रे

आग लगी है तन-मन में
'कैफ़' की ग़ज़लें गाओ रे

◉

थोड़ा सा अक्स चाँद के पैकर में डाल दे
तू आके जान रात के मंज़र में डाल दे

जिस दिन मिरी जबीं किसी दहलीज़ पर झुके
उस दिन ख़ुदा शिगाफ़ मिरे सर में डाल दे

अल्लाह तेरे साथ है, मल्लाह को न देख
ये टूटी-फूटी नाव समन्दर में डाल दे

आ तेरे मालो-ज़र को मैं तक़्दीस बख़्श दूँ
ला अपना मालो-ज़र मिरी ठोकर में डाल दे

भाग ऐसे रहनुमा से जो लगता है ख़िज़्र-सा
जाने ये किस जगह तुझे चक्कर में डाल दे

इससे तिरे मकान का मंज़र है बदनुमा
चिंगारी मेरे फूस के छप्पर में डाल दे

मैंने पनाह दी तुझे बारिश की रात में
तू जाते-जाते आग मिरे घर में डाल दे

ऐ 'कैफ़' जागते तुझे पिछला पहर हुआ
अब लाश जैसे जिस्म को बिस्तर में डाल दे

◉

जिस्म पर बाक़ी ये सर है क्या करूँ
दस्ते-क़ातिल बे-हुनर है क्या करूँ

चाहता हूँ फूँक दूँ इस शहर को
शहर में उनका भी घर है क्या करूँ

वो तो सौ-सौ मर्तबा चाहें मुझे
मेरी चाहत में कसर है क्या करूँ

पाँव में ज़ंजीर, काँटे, आबले
और फिर हुक्मे-सफ़र है क्या करूँ

पाँव की ज़ंजीर तोड़ूँ किस तरह
कोई मेरा मुंतज़र है क्या करूँ

'कैफ़' का दिल, 'कैफ़' का दिल है मगर
वो नज़र फिर वो नज़र है क्या करूँ

'कैफ़' मैं हूँ एक नूरानी किताब
पढ़ने वाला कम-नज़र है क्या करूँ

◉

तुमसे न मिल के ख़ुश है, वो दावा किधर गया
दो रोज़ में गुलाब-सा चेहरा उतर गया

जाने-बहार तुमने वो काँटे चुभोये हैं
मैं हर गुले-शिगुफ़्ता को छूने से डर गया

इस दिल के टूटने का मुझे कोई ग़म नहीं
अच्छा हुआ के पाप कटा, दर्दे-सर गया

मैं भी समझ रहा हूँ कि तुम, तुम नहीं रहे
तुम भी ये सोच लो कि मिरा 'कैफ़' मर गया

◉

ज़िन्दगी है यूँ ख़ाली ज़िन्दगी के ख़्वाबों से
जैसे कोई तस्वीरें नोच ले किताबों से

छोड़ इन हुज़ूरों को, भाग इन जनाबों से
क्या उमीद ख़ुशबू की काग़ज़ी गुलाबों से

चाँद मत कहो उसको बल्कि यूँ कहो यारो
झाँकता है इक क़ातिल अब्र की नक़ाबों से

अपनी जेब से पीकर देखिये कभी ऐ 'कैफ़'
ग़म ग़लत नहीं होते, मुफ़्त की शराबों से

◉

हमको दीवाना जान के क्या-क्या, ज़ुल्म न ढाया लोगों ने
दीन छुड़ाया, धरम छुड़ाया, देश छुड़ाया लोगों ने

तेरी गली में आ निकले थे, दोष हमारा इतना था
पत्थर मारे, तोहमत बाँधी, ऐब लगाया लोगों ने

तेरी लटों में सो लेते थे बेघर आशिक़, बेघर लोग
बूढ़े बरगद आज तुझे भी काट गिराया लोगों ने

नूरे-सहर ने निकहते-गुल ने, रंगे-शफ़क़ ने कह दी बात
कितना-कितना मेरी ज़बाँ पर क़ुफ़्ल लगाया लोगों ने

'मीर तक़ी' के रंग का ग़ाज़ा रू-ए-ग़ज़ल पर आ न सका
'कैफ़' हमारे 'मीर तक़ी' का रंग उड़ाया लोगों ने

◉

नफ़स-नफ़स है मुहब्बत किसी को क्या मालूम
हयात ख़ुद है इबादत किसी को क्या मालूम

समझ रहा है ज़माना मुझी को दीवाना
उन अँखड़ियों की शरारत किसी को क्या मालूम

हम उस गली से गुज़रते हैं बे-नियाज़ाना
ये आशिक़ों की सियासत किसी को क्या मालूम

वही जो आज ख़फ़ा हैं उन्हीं ने मेरे लिए
उठाई है जो मुसीबत किसी को क्या मालूम

किसी ने हाल जो पूछा निकल पड़े आँसू
हमारे दिल की नज़ाकत किसी को क्या मालूम

◉

झूम के जब रिंदों ने पिला दी
शैख़ ने चुपके-चुपके दुआ दी

एक कमी थी ताजमहल में
मैंने तिरी तस्वीर लगा दी

हाय ये उनका तर्ज़े-मुहब्बत
आँख से बस इक बूँद गिरा दी

आपने झूठा वादा करके
आज हमारी उम्र बढ़ा दी

तेरी गली में सजदे करके
हमने इबादतगाह बना दी

◉

जब हमें मस्जिद जाना पड़ा है
राह में इक मयख़ाना पड़ा है

जाइये अब क्यों जानिबे-सहरा
शहर तो ख़ुद वीराना पड़ा है

हम न पियेंगे भीक की साक़ी
ले ये तिरा पैमाना पड़ा है

हर्ज़ न हो तो देखते चलिये
राह में इक दीवाना पड़ा है

ख़त्म हुई सब रात की महफ़िल
एक परे-परवाना पड़ा है

◉

मैं हूँ बाग़ी तो मुझे ख़्वाहिशे-जन्नत भी नहीं
मेरे माबूद मगर इतनी तिजारत भी नहीं

क़र्ज़ का नाम भी क्या चीज़ हुआ करता है
आज साक़ी की निगाहों में शरारत भी नहीं

क्या मुहब्बत के सिले में ये दो आलम लूँगा
ये दो आलम तो मिरी खाक़ की क़ीमत भी नहीं

वो भी सरमायापरस्तों की तिजोरी में है बंद
मेरे महबूब मिरे पास मुहब्बत भी नहीं

◉

ऐ काश किसी संग से दीवाने का सर जाए
कुछ क़र्ज़ तो इस शहर के लोगों का उतर जाए

इतनी सी इजाज़त कि तिरा तालिबे-दीदार
बिन देखे तुझे तेरे मुहल्ले से गुज़र जाए

यूँ मेरी वफ़ा इश्क़ में बर्बाद हुई है
जैसे कोई मुफ़्लिस किसी फ़ुटपाथ पे मर जाए

है 'कैफ़' को कुछ टोंक में रहने की ज़रूरत
शायद कि ये बिगड़ा हुआ फ़नकार सुधर जाए

◉

धड़कनों की नगरी में वलवलों की बस्ती में
हमने घर बनाया है ज़लज़लों की बस्ती में

ठंडे-ठंडे गीतों से दिल के ज़ख़्म भरता हूँ
बर्फ़ लेके आया हूँ दिलजलों की बस्ती में

लाओ भेज दूँ अपना कोई तारे-पैराहन
क़ैस कब से नंगा है जंगलों की बस्ती में

गालियों की बारिश है, पत्थरों की आँधी है
एक मैं बुरा निकला सब भलों की बस्ती में

आक़िलों की दुनिया में 'कैफ़' खोजते क्या हो
हिकमतें तलाशो तुम पागलों की बस्ती में

◉

तने-तन्हा मुक़ाबिल हो रहा हूँ मैं हज़ारों से
हसीनों से, रक़ीबों से, ग़मों से, ग़मगुसारों से

उन्हें मैं छीनकर लाया हूँ कितने दावेदारों से
शफ़क़ से, चाँदनी रातों से, फूलों से, सितारों से

ज़माने में कभी भी क़िस्मतें बदला नहीं करतीं
उमीदों से, भरोसों से, दिलासों से, सहारों से

बराबर एक प्यासी रूह की आवाज़ आती है
कुँओं से, पनघटों से, नद्दियों से, आबशारों से

न आये पर न आये वो उन्हें क्या-क्या ख़बर भेजी
लिफ़ाफ़ों से, ख़तों से, दुःख भरे पर्चों से, तारों से

सुने कोई तो अब भी रौशनी आवाज़ देती है
पहाड़ों से, गुफाओं से, बियाबानों से, ग़ारों से

हमारे दाग़े-दिल, ज़ख़्मे-जिगर कुछ मिलते-जुलते हैं
गुलों से, गुलरुख़ों से, महवशों से, माहपारों से

कभी होता नहीं, महसूस वो यूँ क़त्ल करते हैं
निगाहों से, कनखियों से, अदाओं से, इशारों से

वो दिन भी हाय क्या दिन थे, जब अपना भी तअल्लुक़ था
दशहरों से, दीवाली से, बसन्तों से, बहारों से

कभी पत्थर के दिल ऐ 'कैफ़', पिघले हैं न पिघलेंगे
मुनाजातों से, फ़रियादों से, चीख़ों से, पुकारों से

◉

कुछ अजीब आलम है, दिल का आजकल बाबा
काटती है मौसीक़ी डसती है ग़ज़ल बाबा

ख़ैर जो भी कुछ निकले इसका माहसल बाबा
हम बनाके बैठे हैं रेत का महल बाबा

तेरी ख़ुशनसीबी पर क्यों पड़े बुरा साया
हम सियाह-बख़्तों से दूर हट के चल बाबा

हम गुनाहगारों पर तंज़ कर न ऐ ज़ाहिद
जा तुझे मुबारक हो दफ़्तरे-अमल बाबा

'कैफ़' इस ज़माने में आफ़ियत है जंगल में
अपनी आबरू लेकर शहर से निकल बाबा

◉

सूरते-महफ़िल हुई तन्हाइयाँ
आहटें, रूपोशियाँ परछाइयाँ

दोस्तों अब तुम न देखोगे ये दिन
ख़त्म हैं हम पर सितम-आराइयाँ

चुन लिया एक-एक काँटा राह का
हैं मुबारक ये बरहना-पाइयाँ

कू-ब-कू मेरे जुनूँ की अज़्मतें
उसकी महफ़िल में मिरी रुस्वाइयाँ

अज़्मते-सुक़रातो-ईसा की क़सम
दार के साये में हैं दाराइयाँ

क़द्रदाने-हुस्न हैं बैरुने-बज़्म
यूँ भी की जाती है क़द्र अफ़्ज़ाइयाँ

चारागर मरहम भरेगा तू कहाँ
रूह तक हैं ज़ख़्म की गहराइयाँ

'कैफ़' को दाग़े-जिगर बख़्शे गये
अल्ला-अल्ला ये करम फ़र्माइयाँ

◉

ये दाढ़ियाँ ये तिलकधारियाँ नहीं चलतीं
हमारे अहद में मक्कारियाँ नहीं चलतीं

क़बीले वालों के दिल जोड़िये मिरे सरदार
सरों को काट के सरदारियाँ नहीं चलतीं

बुरा न मान अगर यार कुछ बुरा कह दे
दिलों के खेल में ख़ुद्दारियाँ नहीं चलतीं

छलक-छलक पड़ीं आँखों की गागरें अक्सर
सँभल-सँभल के ये पनिहारियाँ नहीं चलतीं

जनाबे-'कैफ़' ये दिल्ली है 'मीरो-ग़ालिब' की
यहाँ किसी की तरफ़दारियाँ नहीं चलती

◉

सब ख़त्म गुफ़्तगू-ओ-मुलाक़ात हो गयी
जो ग़ैर चाहते थे वही बात हो गयी

मेरी तबाहियों में तुम्हारी ख़ता नहीं
है हुस्ने-इत्तेफ़ाक़ कि ये बात हो गयी

वो और सू-ए-ग़ैर मुहब्बत भरी नज़र
ऐ ज़िन्दगी सलाम! बड़ी बात हो गयी

दिन भी गुज़ारना है तड़पकर इसी तरह
सो जा दिले-हज़ीं कि बहुत रात हो गयी

रुस्वा हुआ है 'कैफ़' ज़माने में कू-ब-कू
अब आशिक़ी में इज़्ज़ते-सादात हो गयी

◉

बेताबी-ए-फ़िराक़ को बहला के सो गया
दिल से तिरे ख़याल को लिपटा के सो गया

पापन कठोर रात ने जुम्बिश न की ज़रा
आख़िर को इस पहाड़ से टकरा के सो गया

ताज़ा सा इक मज़ार है बेनामो-बेचराग़
जागा हुआ ग़रीब कोई आ के सो गया

ऐ 'कैफ़' यूँ फ़िराक़ की रातें गुज़ार दीं
मैं दिल को और दिल मुझे समझा के सो गया

◉

ये जश्ने-सोहबते-याराँ बहुत है
घड़ी भर दर्द का दर्मां बहुत है

जहाँ तक सुब्ह का तारा न निकले
इक आँसू ज़ीनते-मिज़गाँ बहुत है

मिरा साक़ी, मिरा साग़र सलामत
इलाजे-गर्दिशे-दौराँ बहुत है

'मुईन' ऐ 'कैफ़' जाने-शायरी है
ये नाम आराइशे-दीवाँ बहुत है

◉

हाय! अंजामे-मुहब्बत मुझे मालूम न था
ऐसी हो जाएगी हालत मुझे मालूम न था

फूल हो जाएँगे काँटे, न सुना था मैंने
चाँद फैलाएगा ज़ुल्मत मुझे मालूम न था

नाम ले-ले के सरे-राह पुकारूँगा उन्हें
इतनी बढ़ जाएगी वहशत मुझे मालूम न था

एक नफ़रत की अदा, एक हिक़ारत की नज़र
इतनी होगी मिरी क़िस्मत मुझे मालूम न था

मैं तो अल्लाह से क़िस्मत को न लेता हरगिज़
मुझको ठुकरायेगी क़िस्मत मुझे मालूम न था

चैन आयेगा बमुश्किल मुझे उम्मीद न थी
नींद आयेगी बदिक़्क़त मुझे मालूम न था

◉

बात ये सुनी हमने मनचले फ़क़ीरों से
इश्क़-विश्क़ मत कीजे शहर के अमीरों से

कौन है ये दीवाना तेरे घर के पास आकर
पूछता है अपना घर सारे राहगीरों से

आपके सितम पर भी लोग 'वाह!' कहते हैं
आपने सदाक़त भी छीन ली ज़मीरों से

मद्रसे के लड़कों को ये नवेद पहुँचा दो
आके कुछ सबक़ ले लें मयकदे के पीरों से

उसकी आरज़ूओं से बाज़ आइये ऐ 'कैफ़'
लौट आइये ऐ 'कैफ़' ख़्वाब के जज़ीरों से

◉

इंतिज़ार की शब में चिलमनें सरकती हैं
चौकते हैं दरवाज़े, सीढ़ियाँ धड़कती हैं

आज उनका ख़त आया, चाँद-से लिफ़ाफ़े में
रात के अँधेरे में उँगलियाँ चमकती हैं

चाँदनी के बिस्तर पर रात जब मचलती है
बिन किसी के खनकाये चूड़ियाँ खनकती हैं

बार-बार आती हैं उस गली की आवाज़ें
पाँव डगमगाते हैं पिंडलियाँ लचकती हैं

आज मेरी रग-रग में ख़ून गुनगुनाता है
जाने किन फ़सानों की सुर्ख़ियाँ झलकती हैं

◉

काम यही है शाम-सवेरे
तेरी गली के सौ-सौ फेरे

सामने वो है ज़ुल्फ़ बिखेरे
कितने हसीं हैं आज अँधेरे

हम तो हैं तिरे पूजने वाले
पाँव न पड़वा तेरे-मेरे

दिल को चुराया, ख़ैर चुराया
आँख चुराकर जा न लुटेरे

शहर की सूनी फ़ुटपाथों पर
देख हमारे रैन-बसेरे

◉

गर्दिशे-अर्ज़ो-समावत ने जीने न दिया
कट गया दिन तो हमें रात ने जीना न दिया

कुछ मुहब्बत को न था चैन से रखना मंज़ूर
और कुछ उनकी 'इनायात' ने जीने न दिया

हादसा है कि तिरे सर पे न इल्ज़ाम आया
वाक़िया है कि तिरी ज़ात ने जीने न दिया

'कैफ़' के भूलने वाले को ख़बर हो कि उसे
सदमा-ए-तर्के-मुलाक़ात ने जीने न दिया

इस तरह मुहब्बत में दिल पे हुक्मरानी है
दिल नहीं मिरा गोया उनकी राजधानी है

घास के घरौंदे से ज़ोर आज़माई क्या
आँधियाँ भी पगली हैं, बर्क़ भी दीवानी है

शायद उनके दामन ने पोंछ दीं मिरी आँखें
आज मेरे अश्कों का रंग ज़ाफ़रानी है

पूछते हो क्या बाबा क्या हुआ दिले-ज़िन्दा
वो मिरा दिले-ज़िन्दा आज आँजहानी है

'कैफ़' तुझको दुनिया ने क्या से क्या बना डाला
यार अब तिरे मुँह पर रंग है न पानी है

◉

तुझे कौन जानता था मिरी दोस्ती से पहले
तिरा हुस्न कुछ नहीं था मिरी शायरी से पहले

इधर आ रक़ीब मेरे, मैं तुझे गले लगा लूँ
मिरा इश्क़ बे-मज़ा था तिरी दुश्मनी से पहले

कई इंक़िलाब आये कई ख़ुशख़िराम गुज़रे
न उठी मगर क़यामत तिरी कमसिनी से पहले

मिरी सुब्ह के सितारे! तुझे ढूँढ़ती हैं आँखें
कहीं रात डस न जाए, तिरी रौशनी से पहले

मिरी क़द्र कर ख़ुदाया कि तुझे ख़ुदा बनाया
तुझे कौन पूजता था मिरी बंदगी से पहले

◉

हम पर्दादारी-ए-ग़मे-जानाँ में रह गये
अक्सर उलझ के हाथ गरेबाँ में रह गये

हर क़ैस के लिए हैं चराग़े-रहे-वफ़ा
मेरे वो नक़्शे-पा जो बयाबाँ में रह गये

इतने क़ुसूर पर हमें ज़िंदाँ हुआ नसीब
भूले से एक रात गुलिस्ताँ में रह गये

यारों ने मयकदे में गुज़ारी तमाम रात
ऐ 'कैफ़' तुम तिलावते-क़ुरआँ में रह गये

◉

मत किसी से कीजिए यारी बहुत
आज की दुनिया है व्यापारी बहुत

वो हमारे हैं न हम उनके लिये
दोनों जानिब है अदाकारी बहुत

चार जानिब देखकर सच बोलिये
आदमी फिरते हैं सरकारी बहुत

'कैफ़' साहब कोई मस्जिद देखिये
मयकदे में हो चुकी ख़्वारी बहुत

◉

न आया मज़ा शब की तन्हाइयों में
सहर हो गयी चंद अँगड़ाइयों में

न रंगीनियों में न रानाइयों में
नज़र घिर गयी अपनी परछाइयों में

मुझे मुस्कुरा-मुस्कुराकर न देखो
मिरे साथ तुम भी हो रुसवाइयों में

ग़ज़ब हो गया उनकी महफ़िल से आना
घिरा जा रहा हूँ तमाशाइयों में

मुहब्बत है या आज तर्के-मुहब्बत
ज़रा मिल तो जाएँ वो तन्हाइयों में

इधर आओ, तुमको नज़र लग न जाए
छुपा लूँ तुम्हें दिल की गहराइयों में

अरे सुनने वालों ये नग़मे नहीं हैं
मिरे दिल की चीख़ें हैं शहनाइयों में

वो ऐ 'कैफ़' जिस दिन से मेरे हुए हैं
तो सारा ज़माना है शैदाइयों में

◉

मिलते हैं जो सभी से अख़लाक़ आम करके
यूँ ही गुज़र गये वो मुझको सलाम करके

बाबा तुम्हारे दर पर बरसों नहीं रहेंगे
चल देंगे हम मुसाफ़िर शब भर क़याम करके

देखो वो जान दे दी सूरज ने सर पटक-कर
काहे को चल दिये तुम तफ़रीहे-शाम करके

अब वो क़दम-क़दम पर फ़ित्ने उठा रहे हैं
शरमा रही है क़ुदरत महशर-ख़िराम करके

ऐ 'कैफ़' कोहकन हैं हम आज की सदी के
जीते हैं काम करके, मरते हैं नाम करके

◉

उसका अंदाज़ अभी तक है लड़कपन वाला
मीठा लगता है उसे नीम वो आँगन वाला

अब भी मेरे लिये चिलमन से निकल आता है
साँवला फूल-सा इक हाथ वो कंगन वाला

बिजलियाँ आँखों की, ज़ुल्फ़ों की घटाएँ लेकर
तुम चले आओ तो मौसम रहे सावन वाला

ताकि बिछड़ें तो बिछड़ने का कुछ एहसास न हो
हमसे रख तौर-तरीक़ा कोई दुश्मन वाला

◉

शायद किसी क़ाबिल ये मिरा सर भी नहीं है
क़िस्मत में तिरे पाँव की ठोकर भी नहीं है

माँ कहती है मर जाऊँ तो लायेगा कफ़न कौन
या रब मिरा बेटा अभी नौकर भी नहीं है

तन्हाई में वो भी कभी रो लेते तो होंगे
दिल उनका नहीं फूल तो पत्थर भी नहीं है

क्यों चाँद को कहते हैं ये शायर तिरा चेहरा
ये तो तिरे तलवों के बराबर भी नहीं है

◉

क्यों फिर रहे हो 'कैफ़' ये ख़तरे का घर लिये
ये काँच का शरीर ये काग़ज़ का सर लिये

शोले निकल रहे हैं गुलाबों के जिस्म से
तितली न जा क़रीब ये रेशम के पर लिये

जाने-बहार नाम है लेकिन ये काम है
कलियाँ तराश लीं तो कभी गुल कतर लिये

राँझा बने हैं, क़ैस बने, कोहकन बने
हमने किसी के वास्ते सब रूप धर लिये

नामेहरबाने-शहर ने ठुकरा दिया मुझे
मैं फिर रहा हूँ अपना मकाँ दर-ब-दर लिये

◉

जब उठें झूम के बादल तो हमें ख़त लिखना
सूखी नदियों में हो हलचल तो हमें ख़त लिखना

दिलजला भाई कोई लेके बहन का बदला
जा बसाये कभी चम्बल तो हमें ख़त लिखना

माँ ने आँगन में लगाई है जो अँगूर की बेल
उसमें फूटे कोई कोंपल तो हमें ख़त लिखना

गीत गाने लगें 'शम्सी' तो ख़ुदा से डरना
शायरी छोड़ दें 'बेकल' तो हमें ख़त लिखना

घर से बेघर भी हैं हम 'कैफ़' से बे-'कैफ़' भी हम
ऐसा देखो कोई पागल तो हमें ख़त लिखना

◉

बीमारे-मुहब्बत की दवा है, कि नहीं है
मेरे किसी पहलू में क़ज़ा है कि नहीं है

सच है कि मुहब्बत में हमें मौत ने मारा
कुछ इसमें तुम्हारी भी ख़ता है कि नहीं है

मत देख कि फिरता हूँ, तिरे हिज्र में ज़िन्दा
ये पूछ कि जीने में मज़ा है कि नहीं है

सुनता हूँ इक आहट-सी बराबर शबे-वादा
जाने तिरे क़दमों की सदा है कि नहीं है

यूँ ढूँढ़ते-फिरते हैं मिरे बाद मुझे वो
ओ 'कैफ़' कहीं तेरा पता है कि नहीं है

◉

जो मोतबर हूँ तो इतना ही मोतबर हूँ मैं
कि सत्हे-आब पे ठहरा हुआ शजर हूँ मैं

क़दम-क़दम पे त'अक़्क़ुब में सैकड़ों दुश्मन
कि लाल क़िले' से निकला हुआ 'ज़फ़र' हूँ मैं

मिरे वजूद की शाहिद हैं अनगिनत सदियाँ
हनोज़, तिश्ना-ए-तहक़ीक़ इक ख़बर हूँ मैं

मुसाफ़िरों को दिखाता हूँ राह इबरत की
फ़क़ीरे-राह नहीं, शम्मे-रहगुज़र हूँ मैं

तिरा वजूद हक़ीक़त मगर कहाँ है तू
मिरा वजूद फ़क़त वाहिमा मगर हूँ मैं

◉

गुम है निगाहे-शौक़ हिजाबों के शहर में
पर्दों के, चिलमनों के, नक़ाबों के शहर में

जयपूर आके हमने ये समझा कि आ गये
सपनों के, कल्पनाओं के, ख़्वाबों के शहर में

हर पैकरे-जमाल है, इक पैकरे-बहार
चम्पों के, मोगरों के, गुलाबों के शहर में

ऐ तौबा ! अलफ़िराक़ कि आये हुए हैं हम
नश्शों के, मस्तियों के, शराबों के शहर में

ऐ 'कैफ़' नौजवान हुआ जा रहा हूँ मैं
रंगों के, मौसमों के, शबाबों के शहर में

◉

क्या-क्या ये हमसे छेड़, नसीमे-चमन की है
ख़ुशबू नफ़स-नफ़स में तिरे पैरहन की है

मरने के बाद भी ये अदा बाँकपन की है
तनवीर चाँदनी में, हमारे कफ़न की है

दैरो-हरम की रौशनियाँ बुझ चुकीं तमाम
इक शम'अ रह गयी जो तिरी अंजुमन की है

मुझको ग़मे-हयात से फ़ारिग़ न जानिये
होंठों पे कुछ हँसी है, सो दीवानापन की है

जंगल की चाँदनी हो कि हो सुब्ह का नमक
दोनों में इक झलक-सी तुम्हारे बदन की है

वारिस हुआ है 'कैफ़' रिवायाते-इश्क़ का
अंदाज़ क़ैस का है, अदा कोहकन की है

◉

बाश ऐ साक़ी ! कि तेरी अंजुमन ख़तरे में है
जाम से शोला उठा, जामे-कुहन ख़तरे में है

था गरेबाँ-ही-गरेबाँ तक मिरा अगला जुनूँ
लेकिन अबके पैरहन का पैरहन ख़तरे में है

मेरे आगे आब-दीदा हो के आया है कोई
हाय! मेरा आशिक़ाना बाँकपन ख़तरे में है

कल तलक मंसूर था दारो-रसन के सामने
जिस जगह हम हैं वहाँ दारो-रसन ख़तरे में है

बन्दगी नासेह तुझे, तेरी नसीहत को सलाम
तेरी सोहबत में मिरा, दीवानापन ख़तरे में है

◉

हर एक क़ैद, हर इक रस्म तोड़ दी मैंने
कभी शराब घटा देखकर न पी मैंने

दिखा दिया ये कमाले-मुसव्वरी मैंने
नज़र मिली थी कि तस्वीर खींच ली मैंने

निगाहे-नाज़ जो देखी झुकी-झुकी मैंने
न मानने की भी हर बात मान ली मैंने

सुनी जो पाँव की आहट तो जाम फेंक दिया
नज़र मिली तो सुराही भी तोड़ दी मैंने

दुहाई दे के मुग़न्नी का हाथ रोक दिया
इक आह खींच के मिज़राब छीन ली मैंने

बढ़े वो दामने-रंगीं से पोंछने आँसू
जब आस्तीन भी अपनी निचोड़ ली मैंने

◉

शहर में धूम है हम चाक गरेबानों की
हमने तक़दीर बदल दी है बियाबानों की

अब तो उनको भी बड़ी फ़िक्र है दीवानों की
धज्जियाँ ढूँढ़ते फिरते हैं गरेबानों की

सू-ए-मयख़ाना घड़ी भर को चला चल ज़ाहिद
जाँच हो जाएगी मेरे-तिरे ईमानों की

मयकदे के किसी गोशे में पड़ा रहता हूँ
हिंदुओं की है ये दुनिया न मुसलमानों की

ऐ मेरी जाने-ग़ज़ल तू मिरे हमराह न चल
चाँदनी रात नहीं, धूप है मैदानों की

◉

सुनी गयी न दिले-ख़ानुमा-ख़राब की बात
किताब ही में रही दफ़्न सब किताब की बात

उन्होंने फाड़ दिया ख़त पढ़ा-वढ़ा भी नहीं
यहाँ तो सोच रहे थे किसी जवाब की बात

तमाम शहर मिरे क़त्ल पर है आमादा
ख़बर नहीं कि ये है कौन से नवाब की बात

हमारे ज़ख़्मे-जिगर यूँ खिले कि दुनिया में
गुलों का ज़िक्र छिड़ा चल पड़ी गुलाब की बात

सितम है उनका सरापा करम, मैं क्यों सोचूँ
मु'आमलाते-मुहब्बत में क्या हिसाब की बात

कोई ये हीला-ए-मासूम तो ज़रा देखे
बयाने-ग़म को समझते हैं वो शराब की बात

अब इस तरह से किसी का ख़याल आता है
कि जैसे ख़्वाब में याद आए कोई ख़्वाब की बात

चली नमाज़, गया रोज़ा, ख़त्म है तौबा
घटाएँ याद दिलाने लगीं शराब की बात

सवाल ये था कि अब इसके बाद क्या होगा
दिये ने रख ली सरे-शाम, आफ़्ताब की बात

◉

हक़ीक़त छुप गयी अफ़साना बनके
बहुत अच्छे रहे दीवाना बनके

अँधेरों में रहे शैख़ो-बरहमन
चराग़े-काबा-ओ-बुतख़ाना बनके

अजल की नींद भी आशिक़ को आई
ख़ुमारे-चश्मे-माशूक़ाना बनके

हर आँधी मेरी जानिब चल रही है
नसीमे-कूचा-ए-जानाँना बनके

◉

तेरे होते जिसे फ़िक्रे-शराबो-जाम है साक़ी
वो रिंदे-ख़ाम, रिंदे-ख़ाम, रिंदे-ख़ाम है साक़ी

अज़ाँ होने को है जामो-सुराही से चराग़ाँ कर
कि वक़्ते-शाम, वक़्ते-शाम, वक़्ते-शाम है साक़ी

घटा छाई हुई है, तू ख़फ़ा है, रिंद प्यासे हैं
ये क़त्ले-आम, क़त्ले-आम, क़त्ले-आम है साक़ी

मिरी क़िस्मत की मुझको कब मिलेगी मैं ये क्यों सोचूँ
ये तेरा काम, तेरा काम, तेरा काम है साक़ी

◉

दश्ते-बे-आबो-शजर है दोस्तों
आओ गर अज़्मे-सफ़र है दोस्तों

अपने चेहरे से उठाता हूँ नक़ाब
क्या कोई साहब-नज़र है दोस्तों

ये तो है दैरो-हरम का रास्ता
मयकदा वो है, उधर है दोस्तों

इक निगाहे-नाज़ ने क्या कर दिया
ज़िन्दगी ज़ेरो-ज़बर है दोस्तों

◉

ये आज तूने क्या दिले-मजबूर कर दिया
उस रू-ए-रंग-रंग को बेनूर कर दिया

कुछ आ गया था चैन दिले-बेक़रार को
उनकी तसल्लियों ने ब-दस्तूर कर दिया

साक़ी उस एक जाम पे सदक़े हज़ार जाम
जो एक जाम तूने मुझे घूरकर दिया

चारागराने-इश्क़ से अल्लाह की पनाह
नाज़ुक से एक ज़ख़्म को नासूर कर दिया

◉

वहशते-दिल ने सिखाई है ये तदबीर भी आज
कि जला दूँ तिरे ख़त तिरी तस्वीर भी आज

देखना ये है कि अब शहर में क्या होता है
शाख़े-गुल भी है तिरे हाथ में शमशीर भी आज

इम्तिहाँ है मेरी बे-बालो-परी का शायद
खोल दी है मिरे सैयाद ने ज़ंजीर भी आज

दिले-दीवाना बता तेरा इरादा क्या है
ज़ुल्फ़ भी खींच रही है मुझे ज़ंजीर भी आज

मयकदा आज हो आबाद कि मस्जिद देखें
'कैफ़' की नज़्म भी है शैख़ की तक़रीर भी आज

◉

जाने कैसा रोग लगा है, सूखा डंठल हो गया चाँद
रंगत पीली पड़ते-पड़ते, बिल्कुल पीतल हो गया चाँद

जाने कौन था आने वाला, मुँह न दिखाया ज़ालिम ने
धीरे-धीरे जलते-जलते इक दिन काजल हो गया चाँद

माहवशों की ख़ातिर उसके बदले कितने-कितने रूप
इक दिन बिंदिया, इक दिन कंगन, इक दिन पायल हो गया चाँद

ख़ून-खराबा करके ज़मीं पर चाँद पे इंसाँ जा पहुँचा
होगी वहाँ भी अब ख़ूँरेज़ी समझो मक़्तल हो गया चाँद

हँसता चेहरा सबने देखा, किसने देखी दिल की आग
धीरे-धीरे जलते-जलते इक दिन काजल हो गया चाँद

पेड़ पे चढ़कर झाँक रहा है, झील मे गिरकर हंसता है
खेल के कमसिन कम उम्रों में, कितना चंचल हो गया चाँद

हर्ज न हो तो 'कैफ़' को भी तुम अपनी ख़ुशी में कर लो शरीक
आज तुम्हारी ईद है लोगो कहते हैं कल हो गया चाँद

◉

दिल के मु'आमलात में कितना अजीब हूँ
हद हो गयी कि आप ही अपना रक़ीब हूँ

महफ़िल में देखते हैं कुछ इस ज़ाविये से वो
हर शख़्स कह रहा है कि मैं ख़ुशनसीब हूँ

इफ़लास में भी ग़ैरते-रिंदी न जाएगी
हरगिज़ न ये कहूँगा कि साक़ी ग़रीब हूँ

अक्सर शबे-फ़िराक़ वो कहते हैं कान में
ग़ाफ़िल न हो मलूल मैं तेरे क़रीब हूँ

◉

क्या जाने क्या गुनाह मैं सर पर लिये मिला
हर शख़्स अपने हाथ में पत्थर लिये मिला

चमका रहे थे आज वो ज़र्रों की क़िस्मतें
सूरज भी उनके दर पे मुक़द्दर लिये मिला

कल जिसको मैंने फूल दिया था बसद ख़ुलूस
वो आज अपनी जेब में ख़न्जर लिये मिला

◉

ग़म के मारों को कोई रूप सुनहरा न दिखा
ऐ मिरे चाँद ! ये हँसता हुआ चेहरा न दिखा

न खुला एक भी दरवाज़ा मिरी दस्तक से
कौन-सा घर है जो इस शहर में बहरा न दिखा

नहीं रुकते हैं जो चल पड़ते हैं चलने वाले
हमसफ़र राह के दरियाओं को गहरा न दिखा

इक हथेली है कि जिसमें कभी मेहँदी न रची
एक चेहरा है कि जिस पर कभी सेहरा न दिखा

दोस्त, ज़िन्दाँ में भी अज़्मे-जवाँ रखते हैं
ये निगहबान, ये दरबान, ये पहरा न दिखा

◉

वो एक ख़्वाब है उसका हुसूल नामुमकिन
ये बात मैं भी समझता हूँ दोस्तों लेकिन

हमारे नाम भी इक दिन ख़ुतूत आते थे
लिखे था कोई कि दूभर है ज़िन्दगी तुम बिन

ये दौर वो है कि संजीदा हो गये दोनों
न अब जवान है राँझा न हीर है कमसिन

वो इक नज़र जिसे समझे थे ज़िन्दगी अपनी
अज़ाब कर गयी उम्रे-अज़ीज़ के दो दिन

वो एक शख़्स जो क़ातिल दिखाई देता है
उसी को 'कैफ़' समझता है जाने क्यों मोहसिन

◉

उनकी निगाह में नहीं बन्दे का हाले-ज़ार क्या
माँगिये सुब्हो-शाम क्यों, छेड़िये बार-बार क्या

क़ाफ़िला-ए-हयात है, सब उसी सम्त को रवाँ
मौत की वादियों में है, साया-ए-ज़ुल्फ़े-यार क्या

उनका सितम है या करम, इसका हिसाब क्या ज़रूर
ऐ मेरे ना-मुराद दिल, इश्क़ में कारोबार क्या

उनकी नज़र के सामने उनकी गली में दफ़्न है
अब भी तुझे सुकूँ नहीं, ऐ दिले-बेक़रार क्या

शब को शराबो-आशिक़ी, सुब्ह को तौबा-ओ-नमाज़
कोई मिलेगा शहर में 'कैफ़' सा दीनदार क्या

◉

झगड़े हैं इबादत ख़ानों में,धोके हैं ज़ियारतगाहों में
अल्लाह के बन्दों हमसे मिलो ईमान है हम गुमराहों में

सारा ही ज़माना कहता है, सफ़्फ़ाक तुम्हें, क़त्ताल तुम्हें
माना कि ये सब अफ़वाहें हैं कुछ बात तो है अफ़वाहों में

दो दिन की ख़ुशी पर इतराना, दो रोज़ के ग़म से घबराना
कोई भी न आली-ज़र्फ़ मिला, इस शहर के आलीजाहों में

वो 'कैफ़' वो इक आवारा मनुष, इस शहर को जबसे छोड़ गया
हलचल न रही बाज़ारों में, गड़बड़ न रही चौराहों में

◉

आपकी मुहब्बत में जान भी फ़िदा कर दी
दिल ने इब्तिदा की थी, हमने इन्तिहा कर दी

अब हवाएँ ले जाएँ ख़ाक आशियाने की
बर्क़ की जो ख़िदमत दी, बर्क़ ने अदा कर दी

आप ढूँढ़ते रहिये चारा-ए-मसीहाई
आपके मरीज़ों की मौत ने दवा कर दी

◉

ये मिज़ाजे-नाज़ को क्या हुआ, उन्हें मुझसे प्यार है आजकल
मेरी गुफ़्तगू मिरी जुस्तजू मिरा इन्तज़ार है आजकल

तिरे ख़त निकाल के देखना, कभी चूमना कभी सोचना
यही मशग़ला, यही सिलसिला यही कारोबार है आजकल

न अकेला घर से निकल मियाँ, ज़रा देखभाल के चल मियाँ
बड़ी अबतरी, बड़ी रहज़नी, बड़ी लूटमार है आजकल

इसे क़त्ल कर, उसे क़त्ल कर, तुझे सात ख़ून मु'आफ़ हैं
तिरी सल्तनत, तिरा दबदबा, तिरा इक़्तिदार है आजकल

अरे 'कैफ़' कल तो तू रिंद था, मिरे यार तुझको ये क्या हुआ
बड़ा मज़हबी, बड़ा पारसा, बड़ा दीनदार है आजकल

◉

जिस पे तिरी शमशीर नहीं है
उसकी कोई तौक़ीर नहीं है

उसने ये कह के फेर दिया ख़त
ख़ून से क्यों तहरीर नहीं है

ज़ख़्मे-जिगर में झाँक के देखो
क्या ये तुम्हारा तीर नहीं है

ज़ख़्म लगे हैं खिलने गुलचीं
ये तो तेरी जागीर नहीं है

शहर में यौमे-अम्न है वाइज़
आज तिरी तक़रीर नहीं है

ऊदी घटा तू वापस हो जा
आज कोई तदबीर नहीं है

शहरे-मुहब्बत यूँ है उजड़ा
दूर तलक तामीर नहीं है

इतनी हया क्यों आईने से
ये तो मेरी तस्वीर नहीं है

⦿

होती नहीं मक़बूल तहज्जुद की दुआ भी
जबसे वो कशीदा है, कशीदा है ख़ुदा भी

शहरों की नयी रौशनियाँ देखने वालो
देखो तो कभी रौशनी-ए-ग़ारे-हिरा भी

इस दौर के इंसान के दिल हैं वो चटानें
पिघला नहीं सकता जिन्हें मूसा का असा भी

मदफ़न पे मिरे जश्ने-चराग़ाँ तो अलग बात
शायद न जलेगा कोई जुगनू का दिया भी

समझाते हैं नासेह मुझे क्यों इश्क़ के नुक्ते
पूछो कि मियाँ तुमने कभी इश्क़ किया भी

◉

चमक-दमक पे न कर ये ग़ुरूर अँगारे
तू राख बन के बिखर जाएगा मिरे प्यारे

मकान तुमको मुबारक हो शहर के लोगो
गुज़ार देंगे खुले जंगलों में बंजारे

ख़ुदा करे कि रहे बात मेरे क़ातिल की
हर एक ज़ख़्म से फूटें लहू के फ़व्वारे

जमाले-यार मुबारक हज़ार-हा पर्दे
निगाहे-शौक़ सलामत, हज़ार नज़्ज़ारे

हज़ार सर हों तो क़ुर्बां हर एक पत्थर पर
तुम्हारे शहर के लड़कों को कौन ललकारे

◉

तेरा चेहरा सुब्ह का तारा लगता है
सुब्ह का तारा कितना प्यारा लगता है

तुमसे मिलकर इमली मीठी लगती है
तुमसे बिछड़कर शहद भी खारा लगता है

रात हमारे साथ तू जागा करता है
चाँद बता तू कौन हमारा लगता है

तितली चमन में फूल से लिपटी रहती है
फिर भी चमन में फूल कुँआरा लगता है

'कैफ़' वो कल का 'कैफ़' कहाँ है आज मियाँ
ये तो कोई वक़्त का मारा लगता है

◉

वो अपनी बज़्मे-नाज़ की क़ीमत घटाए क्यों
हम कौन से रईस हैं, हमको बुलाए क्यों

कैंची परों पे है कि ज़रा फड़फड़ाए क्यों
सोज़न लबों पे है कि ज़रा चहचहाए क्यों

उनकी गली ने पाँव में काँटे चुभो दिये
इतने क़ुसूर पर कि ज़रा डगमगाए क्यों

गोदा गया था अपनी कलाई पे किसका नाम
ये कल की बात आज उन्हें याद आए क्यों

बरगद की छाँव में भी तो सोते हैं लोग-बाग
हम ढूँढ़ते फिरें तिरी ज़ुल्फ़ों के साए क्यों

तिफ़्लाने-कू-ए-यार करें मुझको संगसार
मैंने सगे-रक़ीब पे पत्थर उठाए क्यों

◉

जी हाँ बजा ये आपकी सब उज़्रदारियाँ
किसके लुहू की हैं ये गरेबाँ पे धारियाँ

वो जाने-इन्तज़ार न जाने कब आयेगा
हसरत से देखता हूँ गुज़रती सवारियाँ

मुम्किन नहीं कि अब मैं शिफ़ायाब हो सकूँ
करने लगे हैं वो मिरी तीमारदारियाँ

ऐ दिल तू उस गली की ज़िदें छोड़ता नहीं
शायद अभी कुछ और भी बाक़ी है ख़्वारियाँ

रखते हैं गाहे-गाहे मिरे दिल पे अपना हाथ
मतलब ये है कि ख़त्म न हों बेक़रारियाँ

ऐ 'कैफ़' इंक़लाब है शायद इसी का नाम
रिंदों में रिंदियाँ है न यारों में यारियाँ

◉

दरो-दीवार पे शक्लें सी बनाने आई
फिर ये बारिश मिली तन्हाई चुराने आई

ज़िन्दगी बाप की मानिन्द सज़ा देती है
रहम-दिल माँ की तरह मौत बचाने आई

आजकल फिर दिले-बेताब की बातें हैं वही
हम तो समझे थे कि कुछ अक़्ल ठिकाने आई

दिल में आहट सी हुई, रूह में दस्तक गूँजी
किसकी ख़ुशबू ये मुझे मेरे सरहाने आई

मैंने जब पहले-पहल, अपना वतन छोड़ा था
दूर तक मुझको इक आवाज़ बुलाने आई

तेरी मानिन्द तिरी याद भी ज़ालिम निकली
जब भी आई है मिरा दिल ही दुखाने आई

◉

जब तक न नक़ाबे-रूख़े-जानाँना उठेगा
हंगामा सरे-काबा-ओ-बुतख़ाना उठेगा

उठ जायेगी रौनक़ तिरी रंगीन गली की
जब झाड़ के दामन तिरा दीवाना उठेगा

तौक़ीर शहीदाने-मुहब्बत की ये होगी
पलकों पे जुलूसे-परे-परवाना उठेगा

◉

खेल यही खेला तुमने लड़कपन से
जो भी मिला शीशा, तोड़ दिया छन से

मैं हूँ तिरा शायर, तू है ग़ज़ल मेरी
मैं हूँ तिरे ग़म से, तू है मिरे फ़न से

ख़म हैं मिरे आगे, दैरो-हरम दोनों
कौन मगर उलझे शैख़ो-बरहमन से

◉

शैख़ अजब नादान हुआ है
हूरों पर क़ुर्बान हुआ है

हाए न पूछो दिल का उजड़ना
ताजमहल वीरान हुआ है

रोज़ के झूठे वादे करना
आपका दीन ईमान हुआ है

खेले हम अपनी जान पे नासेह
आपका क्या नुक़्सान हुआ है

एक बरहमन-ज़ाद का चेहरा
मेरे लिए क़ुर्बान हुआ है

इश्क़ अज़ीमुलशान था अपना
ज़ुल्म भी आलीशान हुआ है

शेर में अपना दर्द समोया
तब ये मिरा दीवान हुआ है

दस्ते-अदू भी चूम लिया है
'कैफ़' भी क्या इंसान हुआ है

◉

बेताबो-अश्कबार गया और आ गया
ता आस्ताने-यार गया और आ गया

वो यूँ ख़फ़ा हुए कि न मानी किसी की बात
एक-एक राज़-दार गया और आ गया

उनको उठा के ला न सका बज़्मे-ग़ैर से
बस ये हुआ कि हार गया और आ गया

छोड़ा न बेकली ने कि आवाज़ दूँ उसे
उस दर पे बार-बार गया और आ गया

◉

अल्लाह ये किसका मातम है, वो ज़ुल्फ़ जो बिखरी जाती है
आँखें हैं कि भीगी जाती हैं,दुनिया है कि डूबी जाती है

कुछ बीते दिनों की यादें हैं, और चार तरफ़ तन्हाई सी
मेहमाँ हैं कि आये जाते हैं, महफ़िल है कि उजड़ी जाती है

तदबीर के हाथों कुछ न हुआ, तक़दीर की मुश्किल हल न हुई
नाख़ुन हैं कि टूटे जाते हैं, गुत्थी है कि उलझी जाती है

क्या कोई मुहब्बत में यूँ भी, बे-नामो-निशाँ हो जाता है
मैं हूँ कि अभी तक ज़िंदा हूँ, दुनिया है कि भूली जाती है

◉

आसमाँ तक हमारे क़दम आ गये
अर्श वालों से कह दो कि हम आ गये

उनके दर की तरफ़ जब उठाये क़दम
मेरी ठोकर में दैरो-हरम आ आ गये

भूलकर भी जो थोड़ी हँसी आ गयी
सामने मेरे लाखों के ग़म आ आ गये

जाने-जाँ तेरी सूरतगरी के लिए
कितने फ़नकार लेकर क़लम आ गये

◉

ज़रा-सी बात होती है वो पहरों रूठ जाते हैं
हमारा ही कलेजा है कि उनके नाज़ उठाते हैं

वो चेहरा देखते ही बरहमन सजदे में गिरता है
जनाबे-शैख़ भी कुरआन पढ़ना भूल जाते हैं

हज़ारों ग़म, हज़ारों दुःख, हज़ारों दर्द हैं लेकिन
हम उनको देख लेते हैं तो सबकुछ भूल जाते हैं

◉

दिल तोड़ के पैग़ामे-क़ज़ा देके गये हैं
क्या ख़ूब मुहब्बत का सिला देके गये हैं

जंगल की तरह रात, पहाड़ों की तरह दिन
क्या-क्या मिरी हस्ती से सिवा देके गये हैं

इतनी-सी ख़ता पर कि उन्हें प्यार से देखा
आँखों को तसव्वुर की सज़ा देके गये हैं

अल्लाह! उन्हें नींद मुबारक हो जो मुझको
रातों को तड़पने का मज़ा देके गये हैं

थी चोट पे इक और नयी चोट ज़रूरी
जाते हुए जीने की दुआ देके गये हैं

फिर क्यूँ ये मुझे मौत के आते हैं पसीने
ऐ 'कैफ़' वो दामन की हवा देके गये हैं

⊙

जिस दिन से नशेमन उजड़ा है, कुछ और चमन का आलम है
काँटों की तरह से ग़ुंचें हैं, शोलों की तरह से शबनम है

अंगुश्त-नुमाई दुनिया की, होती है तो इसका क्या ग़म है
मैं अपनी जगह पर यूसुफ़ हूँ, तू अपनी जगह पर मरियम है

ऐ माहवशो! ऐ गुल-बदनो! क्यों हमपे तवज्जो कम-कम है
हम लोग तुम्हारे शायर हैं, हम हैं तो ये सारा आलम है

मैं जिस से मुहब्बत करता हूँ, बाला-ए-निगाहे-आलम है
हालाँकि वो कोई हूर नहीं, मिनजुमला-ए-इब्ने-आदम है

तुम रूठ गये, दिल बैठ गया, अब दिल की हक़ीक़त क्या कहिये
इक चाँद कि डूबा-डूबा है, इक शम्अ कि मद्धम-मद्धम है

दीवाना हमें सब कहते हैं, और इसकी हक़ीक़त है इतनी
कुछ अपनी तरफ़ से बहके हैं, कुछ उनकी अदा का आलम है

आग़ाज़े-वफ़ा, अंजामे-वफ़ा, दो वक़्त ये नाज़ुक होते हैं
कल हम से ज़माना बरहम था, आज उन से ज़माना बरहम है

ऐ आदमियो! ऐ इंसानो! मैं कौन-सी बंदिश नर्म करूँ
इक हाथ में उनका दामन है, इक हाथ में सारा आलम है

ऐ चारागरो! ऐ ग़मख़्वारो! मैं कौन-सी शय मंज़ूर करूँ
इक हाथ में उनके नश्तर है, इक हाथ में उनके मरहम है

◉

ग़रीब दीदा-ए-गिर्यां कहाँ-कहाँ देखें
सुलग रहे हैं दिलो-जाँ कहाँ-कहाँ देखें

ग़मे-हयात, ग़मे-दोस्ताँ, ग़मे-इंसाँ
उस पर ग़मे-जानाँ कहाँ-कहाँ देखें

तमाम घर है ख़राबा, दिले-हज़ीं की तरह
बस अब ख़ुदा है निगहबाँ कहाँ-कहाँ देखें

झुकाएँ सर कि बरसों के ज़ख़्मे-सर धोएँ
इधर ख़ुदा, उधर इंसाँ कहाँ-कहाँ देखें

ये ज़ख़्म है, ये तमन्ना, ये आरज़ू है ये दाग़
हज़ार घर में हैं मेहमाँ कहाँ-कहाँ देखें

हज़ार जलवा-गरी सद-हज़ार आईने
और एक दीदा-ए-हैराँ कहाँ-कहाँ देखें

दिलो-जिगर की ख़बर लें कि दीदा-ए-तर की
तड़प रही है रगे-जाँ कहाँ-कहाँ देखें

◉

अभी बहार न देखी थी आशियाने की
कि उस पे टूट पड़ीं बिजलियाँ ज़माने की

हुआ नसीब न हँसना कभी जवानी में
सज़ा मिली है बचपन के मुस्कुराने की

शफ़क़, सितारे, घटा, चाँदनी, गुलाब, शराब
अलामतें हैं ये सब तेरे याद आने की

शबे-फ़िराक़ है, उनका ख़याल है, मैं हूँ
पुकार दो कि ज़रूरत नहीं ज़माने की

वफ़ा, वफ़ा है ये बँटती नहीं दिले-नादाँ
नहीं-नहीं, ये नहीं, तेरे हाथ आने की

ब-सद ख़ुलूस हमें तोहफ़तन पिला साक़ी
कि हम से शान है तेरे शराब-ख़ाने की

वो हो सलीब का ईसा, या कर्बला का हुसैन
ये सुर्ख़ियाँ हैं सभी इश्क़ के फ़साने की

किसी के टूटे हुए दिल से ये बनी होगी
कि चूड़ियों में अदा है जो खनखनाने की

बने हो देस के हाकिम तो खुल के ज़ुल्म करो
नहीं है तुमको ज़रूरत किसी बहाने की

लरज़ रही है ज़मीं ज़लज़लों के झटकों से
जनाबे-'कैफ़' को सूझी है घर बनाने की

◉

ग़रीब छत की ख़बर लो, कि सूए-दर देखो
तमाम घर है ख़राबा, किधर-किधर देखो

वही हुआ कि तुम इक रात लुट गये लोगो
कहा तो था कि न सो इतने बे-ख़बर देखो

हर एक फूल को काग़ज़ का फूल मत समझो
हर एक फूल को यारो न सूँघकर देखो

तुम्हारे ग़म के लिये अब जगह नहीं दिल में
मियां मु'आफ़ करो, और कोई घर देखो

◉

वो बरहमन-पिसर, वो बुते-शोख़, वो सनम
आशोबे-तर्के-शोरे-अरब फ़ितना-ए-अजम

ऐ इश्क़े-नामुराद ये कैसा बयाने-ग़म
वो चश्मे-नीमबाज़ हुई चश्मे-नीम-नम

दफ़्तर हज़ार लिख के भी रुकता नहीं क़लम
हालत यही रही तो ख़त हो चुका रक़म

इस शहरे-निगाराँ का अजब ही रिवाज है
याँ क़ातिलों को लोग बनाते हैं मोहतरम

◉

हीरो सब आजकल के हैं जोकर बने हुए
फिरते हैं सारे शहर में बन्दर बने हुए

सड़कों पे घूमते हैं बेचारे ग्रेजुएट
मजनूँ मियाँ के भाई-बिरादर बने हुए

घँटों बिठा-बिठा के पिलाते हैं लेक्चर
हिटलर हैं आजकल के ये टीचर बने हुए

जब से किसी वज़ीर के चमचे हुए हैं वो
मिलते हैं दोस्तों से गवर्नर बने हुए

बीवी को लोग-बाग समझते हैं जनवरी
चलते हैं साथ-साथ दिसम्बर बने हुए

लाचार हैं ग़रीब उन्हें कुछ न बोलिये
जो चार बीवियों के हैं शौहर बने हुए

क़िस्मत तो देखिये ये नसीबा तो देखिये
बुद्धू मियाँ भी आज हैं अफ़सर बने हुए

◉

ये कैसी फ़स्ले-गुल आने लगी है
कली खिलते ही मुरझाने लगी है

वफ़ा भी रायगाँ जाने लगी है
नज़र नासेह से शर्माने लगी है

सहारा दे मुझे ऐ चश्मे-साक़ी
ये दुनिया होश में लाने लगी है

इसी का नाम है शायद बहाराँ
कि बरखा आग बरसाने लगी है

ग़ज़ल ऐ 'कैफ़' जब लिक्खी है मैंने
मुझे यादे-'अनीस' आने लगी है

◉

ज़हर है शरबती गिलासों में
सब्र लेकिन नहीं है प्यासों में

जिस्म आरास्ता है ज़ख़्मों से
आज हम भी हैं ख़ुश-लिबासों में

कट गये ज़िन्दगी के दिन आख़िर
कुछ उमीदों में कुछ दिलासों में

उसको आशिक़ ने हर जगह देखा
फ़लसफ़ी घिर गया क़यासों में

'कैफ़' तेरी सुख़न-तराज़ी के
तज़किरे हैं सुख़न-शनासों में

◉

हाय ये आ गयी कहाँ की बहार
फूल कुछ और हो गये बीमार

फूल तोड़ा तो चुभ गया ख़ंजर
शाख़ थामी तो छिद गयी तलवार

सर मुँड़ाते ही पड़ गये ओले
घर बनाते ही गिर पड़ी दीवार

फिर रहे हैं फ़साद फैलाते
अम्न और शान्ती के ठेकेदार

न हुई सब्र से कोई होली
न कटा चैन से कोई त्यौहार

गवय्यों के गले में फंदे हैं
और कव्वे अलापते हैं मल्हार

बुलबुलें हथकड़ी पहनती हैं
बाग़बाँ बन गये हैं थानेदार

आशियानों में जा बसे उल्लू
कुर्सियों से चिपक गये ग़द्दार

जंगलों में रचा हुआ मंगल
दफ़्तरों में डटा हुआ इतवार

अस्पतालों में डाक्टर ग़ायब
कोतवाली से कोतवाल फ़रार

बन गये सब के सब पुलिस अफ़सर
शहर में जिस क़दर थे पाकिट-मार

जेब-कतरों की लग गयी उड़कर
मुफ़्त की खा के हो गये तैयार

नौ-जवानों को हो गयी टीबी
बुझ गये दिल, पिचक गये रुख़सार

अपने हाथों में डिग्रियाँ लेकर
घूमते हैं हज़ार-हा बे-कार

दस जगह से उधड़ गये जूते
जिनको सीने में झींकते हैं चमार

साइकिल बेचने को हैं लड़के
फ़ीस कॉलेज की चल रही है उधार

फ़ाक़े करने लगी हैं माँ-बहनें
जिस्म बिकने लगे सरे-बाज़ार

बाल-बच्चों को देखकर भूका
काटने दौड़ते हैं बाल विहार

पेट भूके हैं, जिस्म नंगे हैं
शर्म कर ऐ अवाम की सरकार

साथियो, दोस्तो, न घबराओ
न रहेंगे सदा ये लैलो-निहार

रात के बाद दिन निकलता है
किस ने रोकी है वक़्त की रफ़्तार

कारख़ानों से और खेतों से
गूंजती है अवाम की ललकार

आओ हाथों में मश'अलें लेकर
इस अँधेरे पे हम करें यलग़ार

◉

शहर में तू बदनाम है प्यारे
काहे को क़त्ले-आम है प्यारे

रोज़ हमें दुश्नाम है प्यारे
क्या ये कोई ईनाम है प्यारे

हम नहीं तेरे ज़ुल्म के शाकी
हम पे ग़लत इल्ज़ाम है प्यारे

उस ने ये कहकर फाड़ दिए ख़त
तुझको यही इक काम है प्यारे

जलते-ही-जलते ख़ाक हो ऐ दिल
तेरा यही अंजाम है प्यारे

तुझको सभी से बैर है वाइज़
कौन-सा ये इस्लाम है प्यारे

'कैफ़' से नज़रें फेर न साक़ी
आज का वो ख़य्याम है प्यारे

◉

सलाम उस पर, अगर ऐसा कोई फ़नकार हो जाये
सियाही ख़ून बन जाए, क़लम तलवार हो जाये

ज़माने से कहो कुछ सा'यक़ा रफ़्तार हो जाये
हमारे साथ चलने के लिये तैयार हो जाये

ज़माने को तमन्ना है तिरा दीदार करने की
मुझे ये फ़िक्र है, मुझको मिरा दीदार हो जाये

वो ज़ुल्फ़ें साँप हैं बेशक, अगर ज़ंजीर बन जायें
मुहब्बत ज़हर है बेशक अगर आज़ार हो जाये

मुहब्बत से तुम्हें सरकार कहते हैं, वगरना हम
निगाहें डाल दे जिस पर वही सरकार हो जाये

◉

शैख़ बस इतना काम करेंगे
अर्ज़े-हरम नीलाम करेंगे

सिन है कि शाख़े-गुल भी न सँभले
ज़िद है कि क़त्ले-आम करेंगे

दारो-रसन या गोशा-ए-ज़िन्दाँ
और वो क्या हुक्काम करेंगे

हुक्म हुआ है ख़ूने-जिगर दो!
ग़ैर को ख़त इरक़ाम करेंगे

अहले-क़फ़स! आवाज़ न निकले
अहले-चमन आराम करेंगे

सुर्ख़ी-ए-लब जब तक न मिलेगी
शग़ले-मय गुलफ़ाम करेंगे

तेरे दिवाने चुप से खड़े हैं
जाने क्या इक़राम करेंगे

'कैफ़'! न गुज़रो उनकी गली से
लोग बहुत बदनाम करेंगे

◉

जैसे नग़मा, जैसे ख़ुशबू, जैसे रस
हो रहा है कौन मेरे दिल से मस

आज भी सीने में है उसका ख़याल
जिसको भूले हो चुके दो-इक बरस

तेरी ज़िद में फेर ली मैंने निगाह
ऐ निगाहे नाज़ अब तू भी तरस

एक मुश्ते-रंग समझे थे जिसे
हाँ उसी ने तोड़ डाले हैं क़फ़स

होशियार! ओ मर्दे-मयकश होशियार!
ज़हर है उन शरबती आँखों का रस

हुस्न क्या? आँखों की नादानी फ़क़त
इश्क़ क्या है दिल की ठोकर और बस

नर्म कर ऐ कैफ़! बाहों की गिरफ़्त
थक चला है सीना-ए-नाज़ुक-नफ़स

◉

लज़्ज़ते-ज़ख़्मे-जिगर बाक़ी है
दस्ते-क़ातिल का हुनर बाक़ी है

मेरा घर कोई नहीं है लेकिन
मेरे दिल में तिरा घर बाक़ी है

तेरी ज़ुल्फ़ों का साया न सही
तेरी यादों का शजर बाक़ी है

ज़िन्दगी यूँ वो तलब करते हैं
क़र्ज़ गोया मिरे सर बाक़ी है

तेरे काकुल में सजा है जब से
आबरू-ए-गुले-तर बाक़ी है

वो बहुत दूर बहुत दूर गये
क्यों ये बद-बख़्त नज़र बाक़ी है

आप ने फेंक दिया खंजरे-नाज़
और अभी दोश पे सर बाक़ी है

देखिये देते हैं दुश्नाम वो कब
तोहफ़ा-ए-शहदो-शकर बाक़ी है

आप गुज़रे हैं इधर से शायद
चाँद पर गर्दे-सफ़र बाक़ी है

हम ग़रीबों को वो चाहें क्यूँकर
ज़ोर बाक़ी है न ज़र बाक़ी है

ख़त्म हैं उनकी गली के पत्थर
तोहमते-सर, मिरे सर बाक़ी है

दिल को सीने से लगा रक्खा है
तेरा महबूबे-नज़र बाक़ी है

खटखटा आए दरे-दैरो-हरम
कुछ इधर है न उधर बाक़ी है

मेरे अश्कों की तरफ़ क्या देखें
ग़ैर का दीदा-ए-तर बाक़ी है

राख कहिये कि इसे दिल कहिये
यादगारे-गुले-तर बाक़ी है

शायद आ जाए वो फ़िरदौस नज़र
इस तवक़्क़ो पे नज़र बाक़ी है

नज़्में

इंतज़ार

(रवीन्द्रनाथ टैगोर जी की गीतांजलि से तर्जुमा)

आज आयेगी उनकी सवारी
चाँद-सूरज हैं जिनके पुजारी

गाँव में आनकर मेरे साजन
पहले जायेंगे औरों के आँगन
मेरी सखियों को देंगे वो दर्शन
फिर कहीं आयेगी मेरी बारी, आज आयेगी उनकी सवारी

वो तो होंगे हज़ारों के बस में
सैकड़ों चाँद-तारों के बस में
दोस्तों और यारों के बस में
कैसे देखेंगे सूरत हमारी, आज आयेगी उनकी सवारी

सबने अपने घरों को सजाया
अपनी चौखट पे मख़मल बिछाया
हाए! मुझको न कुछ याद आया
कैसी भूली मैं बिरहा की मारी, आज आयेगी उनकी सवारी

मस्जिदे-अक़्सा

तारीख़ का मिज़ाज बदलता नहीं कभी
सच है कि ज़ुल्म फूलता-फलता नहीं कभी

महलों में है वजूद न अब मक़बरों में है
कुछ क़ातिलों की ख़ाक अजायब-घरों में है

दुनिया में इक सितारा-ए-बद-फ़ाल ज़ुल्म है
चाहे जहाँ हो ज़ुल्म बहरहाल ज़ुल्म है

चाहे वो ज़ुल्म हो पये-सीता-ए-मोहतरम
रावण का रूप धार के लंका में ले जनम

चाहे पये-मसीह क़यामत मचाये वो
काँटों का ताज और सलीबें बनाये वो

कूफ़े में वो यज़ीद की तलवार से उठे
चंगेज़ के लिबास में तातार से उठे

हक़्क़ानियों के भेस में दिल्ली में वो दर आये
या नाज़ियों के रूप में बर्लिन में सर उठाये

कालों को डस रहा है वो बन कर सफ़ेद-फ़ाम
या उस का रुख़ हो सूए-फ़िलिस्तीनो-वियतनाम

निकला है ज़ुल्म आज निराले जूनून में
दामन रंगा है मस्जिदे-अक़्सा के ख़ून में

कारे-यहूद कारे-बद-अंजाम हो गया
लफ़्ज़े-यहूद दाख़िले-दुश्नाम हो गया

ये मत कहो कि मस्जिदे-अक़्सा जलाई है
बल्कि ये आग सारे जहाँ में लगाई है

क्यूँकर हमें ये ज़ुल्म गवारा हो दोस्तो
इस ज़ुल्म के ख़िलाफ़ सफ़-आरा हो दोस्तो

इक बार फिर पढ़ो वस`आ फ़ी ख़राबिहा
ढूंढो वो हाथ जिसने किया है ये हौसला

सीहो-नियत है सीना-ए-हस्ती का ज़हर-बाद
इसका इलाज! शहद की मक्खी का इत्तिहाद

वो इत्तिहाद जिसको मिसाली रविश कहें
साइंस की ज़बाँ में उसूले-कशिश कहें

क़दमों का, ज़ावियों का, रवईयों का इत्तिहाद
जैसे किसी मशीन के पहियों का इत्तिहाद

ये इत्तिहाद हो तो फ़रिश्ते दुआ करें
अल्लाह की ज़मीं पे न फ़ित्ने उठा करें

1949

हिलाले-ईद

हिलाले-ईद! तुझे क्या कहूँ कि तू क्या है
सभी का दिलबरो-दिलदारो-दिलरुबा है

तू दुश्मनों को भी उल्फ़त में ढाल देता है
दिलों से गर्दे-कुदूरत निकाल देता है

तू एक दूजे को बाहम गले मिलाता है
पयाम अम्नो-मुहब्बत का ले के आता है

सुकूने-रूहो-निशाते-दिलो-जिगर होकर
हमेशा आता है तू जन्नते-नज़र होकर

कि जैसे सजनी का परदेस से सजन आये
हर एक देख के जिसको दिवाना हो जाये

तमाम गाँव जिसे टूट-टूटकर देखे
हर एक बस यही चाहे कि इक नज़र देखे

कि जैसे घर में कोई मुँह-दिखाई को आये
और उसके गिर्द हज़ारों की भीड़ हो जाये

जवाँ देखें जिसे पीरे-ना-तवाँ देखें
नदीदी बन के मोहल्ले की लड़कियाँ देखें

हिलाले-ईद! यक़ीनन बहुत हसीन है तू
किसी की ज़ुल्फ़ के इक बाल सा महीन है तू

किसी के दस्ते-हिनाई की इक लकीर है तू
न कोहकन से कटी जो वो जू-ए-शीर है तू

किसी की उँगली का खटका हुआ तू नाख़ुन है
तिरी लगन है इसी वास्ते तिरी धुन है

किसी के हाथ का तू इक तलाई कंगन है
हक़ीक़तन है, बिला-शुब्हा है, यक़ीनन है

किसी के पाँव की पायल है तू हक़ीक़त में
जो टूट निकली है अल्हड़पने की हालत में

किसी का अबरू-ए-ख़मदार है ख़ुदा की क़सम
किसी की आँख की तलवार है ख़ुदा की क़सम

किसी हसीन की चम्पाकली है तू प्यारे
तका ही करते हैं हसरत से माह-रू सारे

ये वाक़िया है कि शब-ताब ला'ल लगता है
तू इक बुर्राक़े-मुहम्मद का ना'ल लगता है

ख़ुदा ने जिसको लिखा है वो हर्फ़े-नून है तू
कि नूरो-निकहतो-नेमत का इक शुगून है तू

ख़ुदा करे तू हज़ारों हज़ार साल आये
ब ईं तबस्सुमे-बा ईं हमजमाल आये

चाँद ईद का

सूरज ने जाते-जाते किया आख़िरी सलाम
ओढ़े खड़ी थी लाल दुपट्टा उरूसे-शाम

सत-रंग बदलियों में घिरी थीं पहाड़ियाँ
लहरा रही हों जैसे बनारस की साड़ियाँ

लोगों में था ये ज़िक्र कि उन्तीसवीं है आज
किसको पता है चाँद का? है या नहीं है आज?

क्या-क्या हिलाले-ईद की ख़ातिर था एहतमाम
कोठों पे था हुजूम, छतों पर था अज़दहाम

बाँके सजीले बन चले जोशीले नौ-जवान
बस्ती से दूर जाके हुए थे बिराजमान

बच्चों के फूल-फूल से चेहरों पे थी बहार
थे चाँद देखने को सवेरे से बे-क़रार

ना-दीदा आसमाँ की तरफ़ मुँह किये हुए
बूढ़े खड़े थे दीदा-ए-हसरत लिये हुए

थीं घर की सबसे ऊपरी मंज़िल पे लड़कियाँ
मासूम फ़ाख़ताएँ फ़लक पर थीं पुर-फ़िशाँ

अल-क़िस्सा जश्ने-पीरो-जवाँ देखता था मैं
ये चाँद देखने का समाँ देखता था मैं

नागाह एक दोस्त का चेहरा दिखा मुझे
मुद्दत के बाद रूप सुनहरा दिखा मुझे

कुछ ख़्वाब मेरी आँखों में लहरा के रह गये
मुझको हज़ार चाँद नज़र आ के रह गये

क़ाबू में जब मिरा दिले-नाशाद आ गया
बेसाख़्ता ये शेर मुझे याद आ गया

"उन्तीसवीं की शब को तिरी दीद हो गयी
अब चाहे चाँद हो कि न हो ईद हो गयी"

◉

बरखा रुत

आई बहार आई
ज़ालिम तिरी दुहाई

मौसम ने मार डाला, रुत ने छुरी चलाई

जुगनू की रौशनी में
शबनम की आरसी में

पहले पहल हुई है, कलियों की मुँह दिखाई

आई बहार आई
ज़ालिम तिरी दुहाई

बनकर नयी नवेली
शर्मा गयी चमेली

भँवरों से कह रही है, छोड़ो मिरी कलाई

आई बहार आई
ज़ालिम तिरी दुहाई

बाग़ों में फूल फूले
घर-घर पड़े हैं झूले

उड़ने लगे दुपट्टे, होने लगी रँगाई

आई बहार आई
ज़ालिम तिरी दुहाई

हमसे बिछड़ गये तुम
सचमुच बिगड़ गये तुम

झूठी सहेलियों ने, क्या बात जा लगाई

आई बहार आई
ज़ालिम तिरी दुहाई

मिलने के हैं ज़माने
आ जा किसी बहाने

बिल्कुल ही रूठ जाना, ऐसी भी क्या लड़ाई

होने लगे हैं चर्चे
तुम भेजते हो पर्चे

देखो तुम्हारे कारण, होती है जग-हँसाई

आई बहार आई

मज़दूरों का कोरस

हय्या रे हय्या, हय्या रे हय्या
भूका है बाबा भूकी है मय्या

खेतों में हम हैं, माटी का जीवन
मीलों में हम हैं लोहे का ईंधन

फ़ौजों में हम हैं बाँके सिपहिया
हय्या रे हय्या, हय्या रे हय्या

मथुरा बसाई, गोकुल बसाया
गंगा को पनघट हमने बनाया

हमसे है ज़िन्दा राधा कन्हय्या
हय्या रे हय्या, हय्या रे हय्या

तेलों के चश्मे हमने निकाले
तोड़ी चटानें फोड़े हिमाले

हमने घुमाया धरती का पहिया
हय्या रे हय्या, हय्या रे हय्या

पेरिस बनाया, लंदन बनाया
दुनिया को हमने, दुल्हन बनाया

नंगी है लेकिन घर की लुगय्या
हय्या रे हय्या, हय्या रे हय्या

साथी न घबरा बढ़ता चला चल
थोड़े बहुत हैं घनघोर बादल

फिर इसके आगे मंज़िल है भय्या
हय्या रे हय्या, हय्या रे हय्या

चार अनासिर

'तहज़ीब' का है हुक्म कि बाज़ारे-आम में
कपड़ों पे कोई ख़ाक उड़ाये तो चुप रहो
गाली जो कोई दे तो पलटकर न देखना
टोपी उतार कर जो भगा दे तो चुप रहो

'मज़हब' का हुक्म है कि अमल नेक हो तिरा
नेकी में तेरी जान भी जाए तो सब्र कर
बच्चे को तेरे जबकि न हड्डी भी हो नसीब
कुत्ता कोई पुलाव भी खाए तो सब्र कर

'क़ानून' का है हुक्म कि भेड़ें बने रहो
हद्दे-अदब से पाँव बढ़ाया तो जुर्म है
अहले-दवल किसी को सताते रहें तो ठीक
लेकिन किसी ने उनको सताया तो जुर्म है

'फ़ितरत' का हुक्म है कि भरो पेट हर तरह
खाते हुए के मुँह का निवाला ही क्यों न हो
सर तोड़कर वसूल करो भूख का ख़िराज
कोई पठान या कोई लाला ही क्यों न हो
जब हाथ तंग हो तो घरों में उतर पड़ो
तारीक रात, दिन का उजाला ही क्यों न हो
गाली जो कोई दे तो पिचक दीजिए दिमाग़
कोई बुज़ुर्गो-अरफ़ा-ओ-आला ही क्यों न हो

धक्का जो कोई दे तो गिरा दो ज़मीन पर
रश्के-सनोबरो-क़दे-बाला ही क्यों न हो
हो कोई नुक्ताचीं, तो ज़बाँ नोच लीजिए
चाहे किसी रईस का साला ही क्यों न हो
हर ज़ुल्म का जवाब तशद्दुद से दीजिए
उसका हदफ़ ख़ुदाए-त'आला ही क्यों न हो
ऐ आदमी! पुकार, तुझे क्या पसंद है
वरना फिर आज से दरे-तक़दीर बंद है

बरकतुल्लाह हम तिरे मक़रूज़ हैं

हाँ हमारे सर पे है तेरा हिसाब
दे नहीं सकते हैं हम तुझको जवाब

बिल-यक़ीं तुझको भुला बैठे हैं हम
यानी इक दौलत गँवा बैठे हैं हम

जिस तरह क़ुर'आन रख कर ताक़ पर
हो गये ज़ालिम मुसलमां बे-ख़बर

जैसे कोई बाग़ हो या हो बहार
मरने वाले की मुबारक यादगार

ना-ख़लफ़ औलाद की आँखों तले
पेड़ मुरझा जाएँ सब फूले-फले

जैसे कोहे-नूर रख के चुप हैं हम
अपनी बर्बादी पे रो के चुप हैं हम

जैसे कोई जा-नशीने-ना-मुराद
अपनी ना-अहली से खो दे जायदाद

हम में ज़ौक़े-सर-बुलंदी ही नहीं
जज़्बा-ए-अहसानमंदी ही नहीं

ऊंगते सूरज को करते हैं सलाम
डूबते सूरज का कब लेते हैं नाम

बरकतुल्लाह हम तिरे मक़रूज़ हैं

(1915 में काबुल में हिन्दोस्तान की जो जिला वतन आरज़ी हुकूमत क़ायम की गयी थी बरकतुल्लाह उसके वज़ीरे-आज़म थे)

◉

दिल उनसे बचते-बचते दीवाना हो गया है
उनवान लिखते-लिखते अफ़साना हो गया है

जब से ये दिल किसी का दीवाना हो गया है
दिल का मिज़ाज क्या-क्या शाहाना हो गया है

पायल छनक न जाये, चूड़ी खनक न जाये
दिल की सदा किसी के कानों तलक न जाये

लगते हो कितने प्यारे, कैसे कहूँ किसी से
हम हो गये तुम्हारे, कैसे कहूँ किसी से

हर दम मिरे बदन में कलियाँ चटक रही हैं
कुछ ख़्वाब देखने से आँखें झपक रही हैं

उन की नज़र से मेरी कुछ बात हो रही है
इक सनसनी सी दिल में दिन-रात हो रही है

दिल ले के दिल दुखायें, ऐसे तो वो नहीं हैं
क्यूँ उनको आज़मायें, ऐसे तो वो नहीं हैं

नहीं बनेगा पाकिस्तान

नहीं बनेगा पाकिस्तान, नहीं बँटेगा हिन्दोस्तान
गोंड रहेंगे भील रहेंगे उल्लू कव्वे चील रहेंगे
रहेंगे इस में वही गड़रिये वही सपेरे वही किसान
नहीं बनेगा पाकिस्तान
नहीं बँटेगा हिन्दोस्तान

करते-करते सैर-सपाटे करने लगे हैं आधम-बाँटे
ख़ूब हैं ये भी चेले-चपाटे गुरु को अपने भेंट चढ़ाएँ
महोबे की दूकान
नहीं बनेगा पाकिस्तान
नहीं बँटेगा हिन्दोस्तान

ख़ुद पर आई जब बर्बादी याद पड़ी है नानी-दादी
माँग रहे हैं सब आज़ादी ढील न दे अंग्रेज़ बहादुर
खींचे जा तू कान
नहीं बनेगा पाकिस्तान
नहीं बँटेगा हिन्दोस्तान

रेत की दीवार

दो क़ौमियत की बात ग़लत हो के रह गयी
बारिश में आज रेत की दीवार बह गयी
आख़िर ज़मीने-पाक की बुनियाद ढह गयी

सूरज की धूप, चाँद की मासूम चाँदनी
तारों की आबो-ताब बहारों की ताज़गी
तक़सीम से किसी की ना तक़सीम हो सकी

काटे गये दरख़्त हवाएँ न कट सकीं
काटे गये पहाड़, घटाएँ न कट सकीं
काटी गयी ज़मीन, फ़ज़ाएँ न कट सकीं

छुपकर रही सहर से, घटा से, न अब्र से
बंगाल बँध सका न सितम से, न जब्र से
ऐ हुक्मराने-पाक बस अब बैठ सब्र से
रो ले लिपट के क़ाइदे-आज़म की क़ब्र से

मक़्तले-हिन्द

या-इलाही! तुझे दुनिया की ख़बर है कि नहीं
मक़्तले-हिन्द तिरे पेशे-नज़र है कि नहीं
दफ़्न है राब्ता-ए-आलमे-इस्लाम कहाँ
मर गये आज सब इस्लाम के ख़ुद्दाम कहाँ
कोई उठकर नहीं कहता कि हम ज़िंदा हैं
बा-हमा दबदबा-ए-तेग़ो-क़लम ज़िंदा हैं

या-इलाही! तुझे दुनिया की ख़बर है कि नहीं
मक़्तले-हिन्द तिरे पेशे-नज़र है कि नहीं
अब तबीबों की ज़रूरत ना मसीहाओं की
आलिमों की, ना फ़क़ीहों की, ना दानाओं की
अब हसीनों की ज़रूरत ना तरहदारों की
शायरों की, ना अदीबों की, ना फ़नकारों की
अब हमें सफ़-शिकन औलाद अता कर यारब
जिस्म चीतों के से फ़ुर्तीले अता कर यारब

जो शिकारों पे झपटते हों उक़ाबों की तरह
बे-ईमानों पे मुसल्लत हों अज़ाबों की तरह

जनाब मनोहर केशव के नाम

(18, नवम्बर , 1975)

हज़ार पैकरे-ख़ूबी ब-हर क़दम देखे
ख़ुदा गवाह कि केशव से लोग कम देखे

जिसे गिला हो कि मैंने ना अहले-दिल देखे
कहो कि वो मिरे केशव से आ के मिल देखे

निगाह वो कि बदल दे दिलों की दुनियाएँ
हज़ार क़ैस उठें सद-हज़ार लैलाएँ

कलाम वो कि हर इक ख़ुश-कलाम शरमाए
सुने तो बुलबुले शीराज़ वज्द में आये

ख़िराम वो कि नसीमे-बहार झूम उठे
हर एक मौजे-यमे-कोहसार झूम उठे

रफ़ीक़ वो कि हर इंसान उसका हमदम है
हर एक ज़ख़्मे-जिगर के लिये वो मरहम है

मिज़ाज वो कि शगुफ़्ता गुलाब हो जैसे
जमाल वो कि ज़ुलेख़ा का ख़्वाब हो जैसे

वो ख़ूबियों का है पैकर कि देखते रहिये
वो इक हसीन सा मंज़र कि देखते रहिये

सुना है आज वो जाने-हयात जाता है
मुहब्बतों की लिये कायनात जाता है

ख़ुदा करे ये सफ़र उसको साज़गार आये
हर एक सुब्ह लिये बादे-नौ-बहार आये

◉

आली जनाब मनोहर केशव के नाम

(14, नवम्बर, 1981)

केशव मैं तेरे वास्ते तमसील क्या लिखूँ
ख़ुश्बू लिखूँ, चमन लिखूँ, बादे-सबा लिखूँ

लेकिन नहीं, कुछ और भी तमसील चाहिये
गर्मी की रुत में सुब्ह की ठंडी हवा लिखूँ

लेकिन नहीं, कुछ और भी तमसील चाहिये
तारीक शब में चाँद निकलता हुआ लिखूँ

लेकिन नहीं, कुछ और भी तमसील चाहिये
तुझको किसी मकान का रौशन दिया लिखूँ

लेकिन नहीं, कुछ और भी तमसील चाहिये
जंगल में तुझको साया किसी पेड़ का लिखूँ

लेकिन नहीं, कुछ और भी तमसील चाहिये
प्यासे के वास्ते तुझे आबे-बक़ा लिखूँ

लेकिन नहीं, कुछ और भी तमसील चाहिये
तुझ को किसी मरीज़ के दुख की दवा लिखूँ

लेकिन नहीं, कुछ और भी तमसील चाहिये
टूटे हुए दिलों का तुझे आसरा लिखूँ

लेकिन नहीं, कुछ और भी तमसील चाहिये
मैं मेहरबानियों का तुझे सिलसिला लिखूँ

लेकिन नहीं, कुछ और भी तमसील चाहिये
जो क़िस्मतें बदल दे वो हर्फ़े-दुआ लिखूँ

लेकिन नहीं, कुछ और भी तमसील चाहिये
जिस पर ना ज़ंग आता हो वो आइना लिखूँ

लेकिन नहीं, कुछ और भी तमसील चाहिये
मैं अपनी शायरी का तुझे आसरा लिखूँ

जश्ने-मस्ती आज है कारे-सवाब

जाम साक़ी! जाम! हाँ जामे-शराब
ला मिरे हाथों पे रख दे माहताब

शैख़ जी! पीकर बहकने दीजिये
जन्मदिन है आज 'केशव' का जनाब

बल्कि थोड़ी आप भी पी लीजिये
जश्ने-मस्ती आज है कारे-सवाब

खुल गये हैं रहमते-बारी के दर
रुक गया है आसमानों का अज़ाब

बाँकपन! हट जा, न मुझको आँख मार
जा री ख़ुद्दारी! न मेरा हाथ दाब

मैं लिखूँगा अपने 'केशव' के लिये
इक जरीदा! इक सहीफ़ा! इक किताब

कौन 'केशव'! वो जो है लाखों में एक
कौन 'केशव' वो जो है इक इंतिख़ाब

एक हीरा जो है असली कोहे-नूर
एक मोती जिसमें सच्ची आबो-ताब

यूँ तो हमने लोग देखे हैं बहुत
लेकिन इस मर्दे-ख़ुदा का क्या जवाब

ताज़गी, ख़ुश्बू, हरारत, रौशनी
मेरे 'केशव' के हैं कितने ही ख़िताब

फ़ारसी शायर की हो जैसे ग़ज़ल
जैसे यूनानी मुसव्विर का हो ख़्वाब

सुब्ह दम 'केशव' का माथा चूमकर
ताज़ा दम होता है बे-दम आफ़ताब

सुब्ह तड़के उसका चेहरा देखकर
हर रविश गुलशन में खिलते हैं गुलाब

मेरे 'केशव' को न लग जाये नज़र
ऐ निगाहे-शौक़ तू बन जा नक़ाब

माँगते हैं उसके लहजे से खनक
बर्बतो - शहनाई - ओ - चंगो - रुबाब

चाँद सूरज को भी ये अरमान है
काश हम 'केशव' के होते हम-रकाब

सच है गर कहिये उसे आली वक़ार
हक़ है गर लिखिये उसे इज़्ज़त मआब

इक नज़र में उसकी क्या-क्या बन गया
'कैफ़' जैसा शायरे-ख़ाना-ख़राब

मेरे 'केशव' पर रहे तू मेहरबाँ
या इलाही ये दुआ हो कामयाब

ये मुबारक साल आयें बेशुमार
यूँही देखें ऐसे शुभ दिन बेहिसाब

◉

इक इल्म है तक़दीरो-अनासिर की ग़ुलामी
इक इल्म है तस्ख़ीरे-दिले-अर्ज़ो-समावात

इक इल्म है बेचारगी-ए-दानिशो-हिकमत
इक इल्म है फय्याज़ी-ए-ज़र्रातो-बुख़ारात

इक इल्म है दरमांदा-ए-दीदारो-नज़ारा
इक इल्म है सूरतगरे-असरारो-हिजाबात

इक इल्म फ़क़त बन्दा-ए-तस्बीहो-वज़ीफ़ा
इक इल्म ख़ुदावन्दे-जमादातो-बनातात

ये मक़तले-अफ़कार हैं ऐ हज़रते-वाइज़
मुझको हैं बहुत आपके मकतब से शिकायात

अफ़साना-ए-पारीना हुआ आपका सब इल्म
तारीख़ के इस दौर को दे कौन जवाबात

इस ख़ानक़हो-मस्जिदो-मेहराब में रहकर
इस्लाम को बदनाम किया आपने हैहात

ऐ 'कैफ़' तिरा इल्म नहीं साकिनो-जामिद
शायद कि करे तू मिरी ताईदे-ख़यालात

रौशनी की लकीर

दरे-क़फ़स पे ये पन्द्रह अगस्त नक़्श करो
छनक के टूट गयी आज आहनी ज़ंजीर
किसी हसीन की ज़ुल्फ़ों की माँग हो जैसे
मिरी ज़मीं पे फैली है रौशनी की लकीर

यहाँ सलीब पे खींचे गये बहुत ईसा
सरे-बलन्द को काँटों के ताज पहनाये
यहाँ पिलाये गये ज़हर कितने ही सुक़रात
जुलूसे-वक़्त न ठहरा किसी के ठहराये

ये एहतमाम किया ज़ुल्मतों के बेटों ने
कि रौशनी की हुकूमत कभी न हो पाये
दरीचा-ए-फ़लके-नीलगूँ खुला आख़िर
सिमट गये शबे-दीजूर के घने साये

मिरी ज़मीन पे झाँका सितारा-ए-सहरी
ख़ुजल है रात किसी चश्मे-सुरमगीं की तरह
खिला हुआ है चमन हुस्ने-यार की मानिन्द
धुली हुई है फ़ज़ा जिस्मे-नाज़नीं की तरह

गया वो दौरे-ग़ुलामी कि जिसमें एक मुद्दत
घुटे-घुटे से रहे लोग आरज़ू की तरह
मिली है नेमते-आज़ादी-ए-वतन यारो
इसे संभाल के रखना है आरज़ू की तरह

रौशनी की दुख़्तर

जिस तरह से दीवाली

हर मकाँ को हर घर को अब्र-सा बनाती है
आँगनों को नूरानी ओढ़नी उढ़ाती है

हर गली के काकुल में कहकशाँ पिरोती है
हर किवाड़ का चेहरा रौशनी से धोती है

हू-ब-हू इसी सूरत रौशनी की इक दुख़्तर
आफ़्ताब की मश'अल अपने हाथ में लेकर

रात की चटानों के मुँह पे वार करती है
बे-हया अँधेरों को शर्मसार करती है

धड़कनें हैं हर घर की उसकी बीस तजवीज़ें
गा रहे हैं दरवाज़े हँस रही हैं दहलीज़ें

जिस तरह दशहरे के बीस दिन में दीवाली
यूँ ही बीस क़दमों की मुन्तज़िर है ख़ुशहाली

(1983)

सर टेक दो जिहादे-फ़िलिस्तीन के लिये

ऐ हड्डियों की गैस भड़क, ऐ लहू उबल
ऐ बर्क़ दौड़ जिस्म में, ऐ सायक़ा उछल

ऐ बाज़ुओं के गोश्त उमड़, ज़िन्दगी मचल
ऐ अज़्म, ऐ इरादा-ए-शेराना हो अटल

ऐ मोमिनीन सू-ए-फ़िलिस्तीन चल पड़ो
ऐ ज़ीग़मों कछार से बाहर निकल पड़ो

ऐ शेर इब्ने-शेर की औलाद जोश खा
ऐ ख़ून ऐ हरारत-ए-अज़दाद जोश खा

ऐ बर्क़ अब्र ज़लज़ला-ओ-बाद जोश खा
ऐ इन्क़लाब-ओ-फ़ित्ना-ए-आज़ाद जोश खा

ऐ पहलवान-ए-तेग़ के फ़रज़न्द सर हिला
ऐ क़ल्ब गूंज ऐ रगे-एहसास तिलमिला

सीने से ज़लज़लों को ढकेले बढ़े चलो
देते हुऐ पहाड़ को रेले बढ़े चलो

फ़ाक़ा पियास पेट पे झेले बढ़े चलो
ऐ मोमिनीन जान पे खेले बढ़े चलो

ऐ दोस्तो जुनून दिखाने का वक़्त है
अपनी रगों का ख़ून दिखाने का वक़्त है

ऐ वारिसाने-सल्तनते मालिकुल मुलूक
शायद कि फिर उठे हैं दिमाग़ों में कुछ शुकूक

तुमसे किया है ज़िल्लतो-तौहीन का सुलूक
मग़रूर ताक़तों ने उछाला है तुम पे थूक

तुमसे किया है मजलिसे-अक़्वाम ने मज़ाक़
हो जाओ होशियार ख़बरदार चुस्त-ओ-चाक

सीहूनियत की लाश सरे-राह डाल दो
मग़रूर खोपड़ी को शिकंजे में ढाल दो

पैरों की ठोकरों से जनाज़े उछाल दो
बहके हुऐ दिमाग़ की हड्डी निकाल दो

वो मेख़ ठोंक दो जो दिमाग़ों में जा गड़े
दौलत भरा यहूद का भेजा निकल पड़े

पहली मुलाक़ात

हैरत मे हैं नज़ारे सकते में हैं सितारे
क्या जाने कौन हो तुम

शायद मुसव्विरों का रंगीन ख़्वाब हो तुम
चूमें जिसे फ़रिश्ते ऐसी किताब हो तुम

तकते है मुँह तुम्हारा, दुनिया के शाहपारे
हैरत मे हैं नज़ारे सकते में हैं सितारे

क्या जाने कौन हो तुम

या हूर आसमाँ से धरती पे गिर पड़ी है
या चाँदनी सिमटकर इंसान बन गयी है

या कोई रागनी है औरत का रूप धारे
हैरत मे हैं नज़ारे सकते में हैं सितारे

क्या जाने कौन हो तुम

क्या तुम वही हो जिसने लाखों की जान ले ली
जिसके लिए चकोरे फिरती हैं सर पटकती

जिसके लिये पपीहे रातों को चीख़ हारे
हैरत मे हैं नज़ारे सकते में हैं सितारे

क्या जाने कौन हो तुम

तारे क़दम-क़दम पर बिछते हैं फूल बनकर
चलते हैं चाँद सूरज क़दमों की धूल बनकर

हर चीज़ कह रही है दिल में रहो हमारे
हैरत में हैं नज़ारे सकते में हैं सितारे

क्या जाने कौन हो तुम

काहे को बेख़बर हो जूड़े को यूँ बिखेरे
नागन इसे समझकर आ जायेंगे सपेरे

बतलाओ इस घटा को कैसे कोई संभाले
हैरत मे हैं नज़ारे सकते में हैं सितारे

क्या जाने कौन हो तुम

◉

जनाब मनोहर केशव की भोपाल में वापसी

(12 जुलाई, 1980)

बज़्मे-मोहसिन में है 'केशव' जलवागर
जामे-रंगीं दौर में आया है आज
रंगो-रामिश कैफ़ो-मस्ती मर्हबा
माह बुर्जे-सूर में आया है आज

हज़ार शुक्र,हुई आज आमद आमदे-यार
ग़मे-फ़िराक़ो-शबे-इंतिज़ार आख़िर शुद
ख़ुदा ने दी मिरे 'केशव' को ख़ुसरवी-ऐ-चमन
शिकोहे-सरसरो-इक़बाले-ख़ार आख़िर शुद

◉

साल-ए-नौ

अभ्भी-ओ-केशवो-'मोहसिन' का है इरशाद बजा
कुछ नये साल पे लिखना ब-कमाल अच्छा है

सन् 73 के लिये और मैं क्या अर्ज़ करूँ
मेरे नज़दीक तो 'ग़ालिब' का ख़याल अच्छा है

"देखिये पाते हैं उश्शाक़ बुतों से क्या फ़ैज़
इक बरहमन ने कहा है कि ये साल अच्छा है"

कनटोप

जलालुद्दीन साहब ने, हबीबुद्दीन साहब को
जो इक कनटोप भेजा है, उसे ऐ 'कैफ़' क्या कहिये

क़लम आजिज़, कि किन हर्फ़ों में उसका तज़किरा लिखिये
ज़बाँ साकित, कि किन लफ़्ज़ों में उसका शुक्रिया कहिये

तसव्वुर कह रहा है, ताजे-शाहाने-अजम लिखिये
तख़य्युल कह रहा है, साया-ए-बाले-हुमा लिखिये

मिरा वज़दान कहता है कि आँखों पर उसे रखकर
किसी अल्लाह वाले की मुक़द्दस कफ़शे-पा कहिये

नेहरू जी के लिये

अजब जगह है ये दिल्ली में शांति-वन भी
ये बस्तियों में है शामिल ना जंगलों में है
कहीं डिरिल, कहीं वर्ज़िश, कहीं चहल-क़दमी
हर इक ग्रुप मग्न अपने मश्ग़लों में है
ये लड़कियाँ हैं वो लड़के हैं सफ़ बनाये हुए
ज़ईफ़ लोगों की टोली भी मनचलों में है

मिरे ख़याल में नेहरू की आ गयी तस्वीर
बा-इश्तियाक़ मैं इस तरह हम-कलाम हुआ
अज़ीम हिन्द के मैमार! तुझको हो मालूम
समाजवाद तिरे मुल्क का निज़ाम हुआ
"अगर पिदर ना-तवांद पिसर तमाम कुनद"
ये क़ौल सब की ज़बानों पे आज आम हुआ

तुझे ख़बर हो कि तन-मन से हमने मुहब्बत की
कि शब में चैन से सोना हमें हराम हुआ

सुनी है हमने कहावत सपूतो-कपूत
सो हम कपूत नहीं, सपूत पूत हैं हम
वतन को अपने पसीने से हम ने सींचा है
ख़ुदा गवाह कि ख़ुद अपने मेघदूत हैं हम
कपूत बनके मिटाया नहीं तिरा विरसा
सपूत बनके विरासत में कुछ बढ़ाया है
तिरी क़सम कि तिरी सारी कल्पनाओं को
हक़ीक़त से दुल्हन की तरह सजाया है

हमारे दोस्त-नुमा दुश्मनों को क्या कहिये
बुराइयों की हमेशा दुहाई देते हैं
उन्हें कहीं भी तरक़्क़ी नज़र नहीं आती
हर एक चीज़ में कीड़े दिखाई देते हैं
कहो उन आँखों के अँधों से बेवक़ूफ़ों से
हरा-भरा जो ये भारत नहीं तो फिर क्या है

नज़र उठा के दुकानों की रौनक़ें देखो
तरक़्क़ियों पे तिजारत नहीं तो फिर क्या है

ख़ुदा का शुक्र कि हर तरह ख़ुद कफ़ील हैं हम
गया था छोड़ के कंगाल सामराज हमें
ज़रा-सी सूई से लेकर बड़ी मशीनों तक
वो चीज़ क्या है जो हासिल नहीं है आज हमें
हर एक शहर का माहौल नूर में डूबा
हर एक गाँव के मौसम पे रंग बरसाता है
ये कारख़ाने, ये मिलें ये पुल ये डैम्स, ये रोड
ये बिल्डिंगें कि है सर आसमाँ से टकराता

हमारे बिजली-घरों का ये कारनामा है
कि गाँव रूकशे-महताब हो गये यारो
जहाँ से अब्रे-बहाराँ ख़फ़ा-ख़फ़ा गुज़रा
इलाक़े आज वो शादाब हो गये यारों
हमारे मिलों के कपड़ों की माँग ऐसी है
कि हेच अतलसो-कमख़ाब हो गये यारो

वो मशग़ले जो रईसों के चोंचले थे कभी
हमारे अहद में नायाब हो गये यारो

लिखा था तूने कि बाबर गुलाब लाया था
मज़ीद तोप भी बाबर के साथ ही आई
समझ के दोनों ही चीज़ों को एक सिम्बल
ख़ुद अपने मुल्क में की है सदा पज़ीराई

है आज मुल्क शिगुफ़्ता गुलाब की मानिंद
हयात तेज़ क़दम है मशीन की सूरत
"रगों में दौड़ते फिरने के हम हुए क़ायल"
कि ख़ून घूम रहा ज़मीन की सूरत

निज़ामे-ज़र मुतवाज़िन किया है यूँ हमने
हम सर-बा-जेब हाकिमे-म'आशियात बहुत
ये क्या तवाज़ने-ज़र की है कामयाबी कम
दर-आमदात सिफ़र हैं बर-आमदात बहुत

अज़ीम हिन्द के मैमार बानी-ए-अव्वल
तू हिन्द का ही नहीं संसार का भी है रहबर
ये तेरा अम्न का नग़मा, ये प्यार का पैग़ाम
ख़ुदा गवाह गूँजेगा एक दिन घर-घर

राजीव गाँधी नामा

जाम साक़ी जाम! तुन्दो-तेज़ इक जामे-शराब
हाँ चमकता, तमतमाता, जगमगाता, माहताब

शैख़ जी क़िब्ला! मुझे पीकर बहकने दीजिये
आज क़ौमी फ़ैसले का है मुबारक दिन जनाब

बल्कि थोड़ी आप भी पी लीजिये बंदा-नवाज़
दर-हक़ीक़त कारे-मस्ती आज है कारे-सवाब

आज के दिन खुल गये हैं रहमते-बारी के दर
आज के दिन रुक गया है आसमानों का अज़ाब

जा ग़ुरूरे-शायराना जा! ना मुझको आँख मार
हट जुनूने-बाग़ियाना हट, न मेरा हाथ दाब

लिख रहा हूँ आज मैं 'राजीव गाँधी' के लिये
इक क़सीदा, इक जरीदा, इक सहीफ़ा, इक किताब

कौन? वो राजीव गाँधी जिस का माथा चूमकर
फिर से ताज़ा दम हुआ है आज बूढ़ा आफ़ताब

वो करोड़ों प्यार के बोसे जिसे फेंके गये
सुर्ख़, धानी, ज़ाफ़रानी, नरगिसी, ऊदे गुलाब

जिसका जज़्बा इत्तिहादो-इत्तिहादो-इत्तिहाद!
जिस का मंशा इंक़लाबो-इंक़लाबो-इंक़लाब

*****

वो है सच्चा जा-नशीं उस 'मोहतरम ख़ातून' का
हिन्द के माथे पे ये क़श्क़ा है जिसके ख़ून का

घात में है आज फिर फ़िस्ताई दल्लालों का ग़ोल
ऐ जवानी जोश खा, ऐ दिल तड़प, ऐ ख़ून ख़ौल

ये 'मदारी' मुल्क को नीलम कर देने को हैं
सुब्हे-आज़ादी को फिर से शाम कर देने को हैं

'नौ-जवाँ राजीव गाँधी' की क़यादत में उठो
आसमाँ ज़ेरे-क़दम हो ऐसी हालत में उठो

आज ख़तरे में है आज़ादी की 'महबूबा' उठो
झोंक जो दोज़ख़ में सब दुश्मन का मंसूबा उठो

इत्तिहादे-बाहमी का ज़ोर दिखलाओ उठो
शैतनत की लाश चौराहे पे लटकाओ उठो

सब उठो मेहनत का जादू कर दिखाने के लिये
सब उठो इस मुल्क को जन्नत बनाने के लिये

मुस्कुराती जगमगाती यूँ नज़र आये हयात
जिस तरह शादी का मँडप जैसे दीवाली की रात

इक बसंत इक फ़स्ले-रंगो-बू नज़र आने लगे
ज़िन्दगी ही ज़िन्दगी हर-सू नज़र आने लगे

ज़िंदाबाद ऐ नौ-जवाँ 'राजीव गाँधी' ज़िंदाबाद
तूने मुस्तहकम किया है आज क़ौमी इत्तिहाद

आज तू आया हमारे दरमियाँ, ख़ुश-आमदीद
चश्मे-मा-रौशन दिले-मा-शाद, ख़ुश-आमदीद

प्यास के मारे थके हारे मुसाफ़िर के लिये
तू है इक ठंडा कुंआँ, मीठा कुंआँ, ख़ुश-आमदीद

चिलचिलाती दोपहर के वक़्त रेगिस्तान में
तू घने पेड़ों का है इक सायबाँ ख़ुश-आमदीद

*****

है करप्शन ही करप्शन हर तरफ़ छाया हुआ
आदमी सर फोड़ता फिरता है घबराया हुआ

हर जगह वो रिश्वतों की गर्म-बाज़ारी कि उफ़!
ये ज़मीं कहती है लानत, ये फ़लक कहता है तुफ़!

कूचा-ओ-बाज़ार में हैं मुफ़्त-ख़ोरों के मज़े
दफ़्तरों की कुर्सियों पर काम-चोरों के मज़े

आए दिन सब डाक-ख़ानों में उड़ा करती है ख़ाक
बीस दिन में, बीस मीलों तक नहीं चलती है डाक

रेल हो या बस, कभी औक़ात से चलती नहीं
बोगियों में भूलकर बत्ती कोई जलती नहीं

क़त्ल-गाहों की तरह हैं मुल्क के सब अस्पताल
भेड़-बकरी की तरह इंसान होते हैं हलाल

हर तरफ़ है दिन दहाड़े काले धन्दों का उरूज
हर क़दम शैतान के 'ना-पाक बन्दों' का उरूज

हर तरफ़ है एक के दस-दस बनाने का चलन
घी में चर्बी, दूध में पानी मिलाने का चलन

दूधवालों का है गोया इस कहावत पर यक़ीं
जान दे सकते हैं, ख़ालिस दूध दे सकते नहीं

मुल्क में फैली हुई है कैसी-कैसी अबतरी
बिक रही हैं सब दवा की शीशियाँ पानी भरी

आसमाँ तक चढ़ गयी हैं क़ीमतें बाज़ार की
हर दुकाँ पर बिक रही है आबरू सरकार की

हो रहा है शहर में, गाँव में, जंगल में, ब्लैक
सब्ज़ियों में, दाल में, गेहूँ में, चावल में, ब्लैक

मील के मज़दूर अपने मालिकों से तंग हैं
कार-ख़ाने क्या हैं गोया कार-गाहे-जंग हैं

लड़कियाँ घर से कभी बहार निकल सकती नहीं
अपने 'रांझाओं' के मारे राह चल सकती नहीं

कौन ऐसा है कि जिसकी जेब में खंजर नहीं
आदमी में आदमी का कोई कैरक्टर नहीं

वो सियासत है कि चाहत भाई-भाई में नहीं
ऐसी हालत तो मियाँ सारी ख़ुदाई में नहीं

मक्र, ख़ुद-ग़र्ज़ी, कमीना-पन, दग़ा-बाज़ी, फ़रेब
हाल ऐसा है कि बस इंसानियत है सर-बा-जेब

ज़ख़्म इतना बढ़ गया है, तन-बदन ख़तरे में है
एक दिल्ली ही नहीं, सारा वतन ख़तरे में है

ज़ख़्म का चारा नहीं कुछ नोके-नश्तर के बग़ैर
कब सगे-दीवाना बाज़ आता है पत्थर के बग़ैर

वाक़िआ ये है कि जब हद से गुज़र जाये फ़ितूर
ऐसे पागल के लिये ज़ंजीर होती है ज़रूर

वाक़िआ ये है कि अपने बस में घोड़ा चाहिये
सर-फिरा हो जाये जब घोड़ा तो कोड़ा चाहिये

हाँ, जिहाद! इस देश के इक एक दुश्मन से जिहाद
चोर-बाज़ारी से, रिश्वत से, करप्शन से जिहाद

रन पड़े घनघोर का सरमायादारी के ख़िलाफ़
मुफ़्लिसी, फ़ाक़ा-कशी, बे-रोज़गारी के ख़िलाफ़

जेब के ख़ंजर से, पहलू में छुपे चाक़ू से जंग
आस्तीं के साँप से, पापोश के बिच्छू से जंग

हाँ तिरी आवाज़ में भरपूर सच्चाई मिली
नौ-जवानों को लगन, शक्ति, तवानाई मिली

अपने शाहीनों को ताज़ा मुश्दा-ए-परवाज़ दे
हाँ हमें आवाज़ दे, आवाज़ दे, आवाज़ दे

तू है इस भारत की शक्ति, तू है इस भारत का ज़ोर
तेरी हर आवाज़ पर हाज़िर हैं हम अस्सी करोड़

◉

इंदिरा गाँधी नामा

हाँ उसी के अहद ने रंगीं ये ख़ाका भी किया
मुल्क में पुर-अम्न 'एटम का धमाका' भी किया

दर-हक़ीक़त जौहरे-काबिल हुआ हिन्दोस्ताँ
एटमी तारीख़ में दाख़िल हुआ हिन्दोस्ताँ

हाँ उसी के अहद में ये भी शरफ़ देखा गया
'आर्यभट्ट' आसमानों की तरफ़ देखा गया

क्या ये कुछ कम है? ख़लाओं में रवाना हो गये
रूसो-अमरीका के हम शाना-बा-शाना हो गये

हाँ उसी के अहद में जागा है दिल सोता हुआ
'बीस-साला रूस और भारत का समझौता' हुआ

दर-हक़ीक़त 'वोल्गा' के साथ 'गंगा' मिल गयी
ग़ैर का दिल फट गया, दुश्मन की छाती हिल गयी

जंग में मज़लूम अरबों की हिमायत की गयी
'ग़ासिब इज़राईल' की खुल कर मज़म्मत की गयी

दूसरों का दर्द सच्चे दिल से अपनाया गया
नातवाँ लोगों को 'बंग्लादेश' दिलवाया गया

क़ौमियाए जा चुके हैं बैंक उसके अहद में
फ़र्क़ ज़ाहिर हो गया गुड़ और ख़ालिस शहद में

कितने ही अफ़राद रोज़ी से लगाये जा चुके
कितने क़र्ज़े पा रहे हैं, कितने क़र्ज़े पा चुके

हाँ उसी के अहद में क़र्ज़ों से छुट पाये किसान
इन बही-खातों की दलदल से निकल पाये किसान

'बँधवा मज़दूरों' को रखना जुर्म ठहराया गया
ज़ेर-दस्तों को ज़बर्दस्तों से छुड़वाया गया

एक काग़ज़ पर अँगूठा लेके धमकाते थे लोग
ज़िन्दगी भर के लिये सीने पे चढ़ जाते थे लोग

हो गये 'निल' राजा-ओ-नव्वाब उसके अहद में
चित हुए सब रुस्तमो-सोहराब उसके अहद में

'जेब ख़र्चे' एक दम से हो गये मौक़ूफ़ सब
दिल पकड़कर रह गये 'फ़रमाँ रवा मौसूफ़' सब

कारनामा ये अज़ीमुश्शान दिखलाया गया
मुल्क में 'इफ़राते-ज़र" क़ाबू में ले आया गया

जंगे-आज़ादी के साथी पा रहे हैं पेंशन
लौट आया है ज़ईफ़ी में फिर उनका बाँकपन

हैं वज़ीफ़ा-याब कितने ही ब-सद इज़्ज़ो-वक़ार
शायरो - सूरतगरो - फ़नकारो - अफ़सानानिगार

एक 'मुस्लिम अक़्लियत का सेल' भी खोला गया
ऐ जज़ाकल्लाह, इस का वज़्न भी तोला गया

मुन'अक़िद उसके ज़माने में हुई 'ग़ालिब-सदी'
यानी फिर से हो गयी सैराब इक सूखी नदी

हाँ उसी के अहद में 'ऐवाने-ग़ालिब' भी बना
यानी दिल्ली में मक़ामे-फ़ख़्रे-फ़िरदौसी बना

बेशतर सूबों में उर्दू की पज़ीराई हुई
इस ज़बाँ की भी बहुत दिन बाद सुनवाई हुई

बन गयीं अक्सर जगह 'उर्दू अकाडमीज़' भी
आज कोई चीज़ है ये ज़र्रा-ए-ना-चीज़ भी

यूँ भी यकजहती का शीराज़ा फ़राहम हो गया
एक 'सिख' हिन्दोस्ताँ का सदरे-आज़म हो गया

हाँ उसी के अहद में कश्मीर ता अर्ज़े-दकन
आ गया हर शहर में हर गाँव में 'टेलीविज़न'

मुनक़्क़िद उसके ज़माने में हुआ है 'एशियाड'
हिन्द के माथे का झूमर बन गया है 'एशियाड'

हाँ उसी के अहद में भारत को ये रुतबा मिला
'सद्र' ये सब ग़ैर जानिबदार देशों का हुआ

दर-हक़ीक़त उसके हैं कुछ इतने ला-तादाद काम
उँगलियों पर गिनते-गिनते घिस गयीं पौरें तमाम

******

देश में जितने भी थे 'टोली बदल' 'टोपी बदल'
सब पए-तख़रीब यकजा हो गये थे कल के कल

उनका नारा था कि 'इंदिरा को हटाना चाहिये'
ज़िन्दगी की शम'अ फूँकों से बुझाना चाहिये

जाने किन बातों का लेना चाहते थे इन्तिक़ाम
गालियाँ, इलज़ाम, ताने, बद-दुआएँ, इत्तिहाम

फिर रहे थे कालिजों में क़ुफ़्ल डलवाते हुए
देश के बेटों को बद-अमनी पे उकसाते हुए

चाहते थे रोकना जम्हूरियत की मौज को
दिन-दहाड़े बरग़लाते थे पुलिस और फ़ौज को

मुल्क झुलसता जा रहा था चिलचिलाती धूप में
एक नँगा-नाच था फ़सताइयत के रूप में

नाचती थी बरबरीयत दनदनाता था जूनून
चल पड़ा था मुल्क के अंदर सियासी क़त्लो-ख़ून

क्या से क्या इस मुल्क में लोगों ने कर डाला नहीं
वो समझते थे कि कोई देखने वाला नहीं

वो समझते थे हक़ीक़त घा-ओ-घुप हो जाएगी
एक 'औरत ज़ात है' रो धो के चुप हो जाएगी

ज़ख़्म इतना बढ़ गया था, तन-बदन ख़तरे में था
एक इंदिरा ही नहीं, सारा वतन ख़तरे में था

आख़िरश इंदिरा उठी इक अज़्मे-मरदाना लिये
ज़ुल्फ़े-बरहम के लिये आईना-ओ-शाना लिये

दस्ते-मश्शाता से उलझी ज़ुल्फ़ सुलझाई गयी
फिर गुलिस्ताँ में बहारे-जाँ फ़िज़ा लाई गयी

अम्न का पँछी हवा के दोश पर छोड़ा गया
आँधियों का रुख़ ब-ज़ोरे-बालो-पर मोड़ा गया

मुल्क में जारी हुआ चारों तरफ़ पैग़ामे-नौ
साक़ी-ए-नौ, बादा-ए-नौ, साग़रे-नौ, जामे-नौ

मिल गये हिन्दोस्ताँ को 'बीस इस्लाही निकात'
मौत की वादी में इंसाँ को नज़र आयी हयात

मेहरबाँ बादल झुलसती दोपहर में छा गया
प्यास की मारी ज़मीं के मुँह पे पानी आ गया

यूँ पड़ा बारिश का छींटा, जी उठा हिन्दोस्ताँ
कसमसाए जिस्म, वापस आ गयी रूहे-रवाँ

देखते हैं इस तरफ़ सब बे-सहारा मुल्क आज
हाँ इसी बायस तो झुँझलाया हुआ है सामराज

चीख़ते हैं वो कि साँपों को यहाँ पाला गया
हिन्द में जम्हूरियत को क़त्ल कर डाला गया

वाह रे उस्ताद! इतना झूट, झूटे साम-राज
लेते किस मुँह से हो जम्हूरियत का नाम आज

ये 'चिली' में क़त्लो-ख़ूँ का कारनामा किस का था
कल ये 'बांग्लादेश' में ख़ूनी ड्रामा किस का था

किस ने कर डाला कराची में 'लियाक़त' को शहीद
किस ने 'लुमुम्बा' की मय्यत पर मनाया जश्ने-ईद

'हाय इंदिरा की शहादत' ये भयानक वारदात
तुम नहीं तो किस कमीने का है ये नापाक हाथ

जौहर क़ुरैशी

ऐ! अदीब-उल-मुल्क 'जौहर', सौ अदीबों के अदीब
मादरे-हिन्दोस्ताँ के लाल लेकिन बदनसीब

हिन्द की पस्ती में ऊँचा देखने वाला है कौन
रात अँधेरी में सितारा देखने वाला है कौन

लेकिन आ जाती है जब स'अत तो छोटा सा शजर
ख़ुद उबल पड़ता है पत्थर की चटानें तोड़कर

आँधियों का ज़ोर हो या बादलों का पेचो-ताब
वक़्त आने पर नहीं रुकता तुलू'अ-ए-आफ़ताब

टूट सकता है भला फ़ितरत का दस्तूरे-अमल
क्या कहीं पानी की तह में बैठ सकता है कमल

क़द्र होती है यहाँ मक्कार की ना-अहल की
बू-लहब की क़ैसरी, डिक्टेटरी, बू-जहल की

ऐ! अदीब-उल-मुल्क 'जौहर', सौ अदीबों के अदीब
मादरे-हिन्दोस्ताँ के लाल लेकिन बद-नसीब

क़तआत

⦿

"जौहर क़ुरैशी"

सूरत बिदेसी, कपड़े स्वदेशी
दो रोज़ घाटा इक रोज़ बेशी
मेरी मवेशी, तेरी मवेशी
"जौहर क़ुरैशी", "जौहर क़ुरैशी"

मवेशी घेर कर ले जाने वाला
ब-हमराहे-मवेशी फ़ौत बाशद
चिरो-घर साफ़ और ख़स कम जहाँ पाक
दमे-"जौहर क़ुरैशी" फ़ौत बाशद

⦿

ख़ून में बन्द हो मस्ती-ओ-रवानी कब तक
यूं रहे मसलहत अन्देश जवानी कब तक
एक भूके के लिये एक पियासे के लिये
'मेवा-ए -ख़ुल्दे बरीं', 'नहर का पानी' कब तक

गीत

◉

आहट क़दम-क़दम, तिरी ख़ुशबू जगह-जगह
रुलवा रही है ख़ून के आँसू जगह-जगह

वो दूर आसमान से लिपटी हुई ज़मीन
याद आ गये मुझे तिरे बाज़ू जगह-जगह

थक-थक गयी हैं उठके निगाहें तिरे बग़ैर
दुख-दुख गयी हैं फैल के बाँहें तिरे बग़ैर

वीरान ज़िन्दगी मिरी सुनसान ज़िन्दगी
आँसू तिरे बग़ैर हैं आहें तिरे बग़ैर

मेरे ख़यालो-ख़्वाब की जन्नत कहाँ है तू
आँखों की नींद रूह की राहत कहाँ है तू

ओ गुमशुदा बहार, मिरी गुमशुदा बहार
तुझको पुकारती है, मुहब्बत कहाँ है तू

रातें हुईं पहाड़ तिरे इन्तज़ार में
आजा क़रार बनके दिले-बेक़रार में

रग-रग में तेरी याद है, नस-नस में तेरी धुन
दुनिया बदल गयी तिरे दो दिन के प्यार में

भूका है भोपाल

भूका है भोपाल
भूका है भोपाल रे बाबा, भूका है भोपाल !

हौंक रहा है दौंक रहा है, फ़ाक़ा और इफ़्लास
फ़ाक़ा और इफ़्लास है गोया आँधी और भूचाल

भूका है भोपाल
भूका है भोपाल रे बाबा, भूका है भोपाल

लम्बी-लम्बी मूँछों वाले, बिल्ली और खरगोश,
अकड़ी-अकड़ी गर्दन वाले, मुफ़्लिस और कंगाल

भूका है भोपाल
भूका है भोपाल रे बाबा, भूका है भोपाल

मुल्ला साहब लेकर भागे, मस्जिद की क़न्दील
पंडित जी बाज़ार में बेचें मंदिर के घन्टाल

भूका है भोपाल
भूका है भोपाल रे बाबा, भूका है भोपाल

मातहतों के पाँव दबायें अफ़सर और हुक्काम
मजदूरों की ठुड्डी चूमें बनिये और बक्काल

भूका है भोपाल
भूका है भोपाल रे बाबा, भूका है भोपाल

तोड़े देकर गेहूँ ख़रीदें, शहर के ठेकेदार
ज़ेवर देकर रोटी-माँगे सेठ मदनगोपाल

भूका है भोपाल
भूका है भोपाल रे बाबा, भूका है भोपाल

सेठ बेचारे चीख़ रहे हैं, फूल रहे हैं पेट
सरमाया दम तोड़ रहा है, डूब रहा है माल

भूका है भोपाल
भूका है भोपाल रे बाबा, भूका है भोपाल

तू भी मैं भी मस्त क़लन्दर, मस्तों को क्या फ़िक्र
तेरे घर का हाल रे बाबा, मेरे घर का हाल

भूका है भोपाल
भूका है भोपाल रे बाबा, भूका है भोपाल

फ़ाक़े की अफ़रात है यारो, रोज़ी का पैग़ाम
अपनी क़िस्मत चेत रही है और हैं दो इक साल

भूका है भोपाल
भूका है भोपाल रे बाबा भूका है भोपाल।

◉

प्यार की झूटी क़सम, भूल के मत खाइओ
चाहे ख़ुदा की क़सम, खा के मुकर जाइओ

तोड़ के बैठा हूँ मैं, प्यार के क़ौलो-क़रार
मुझपे ख़ुदा का अज़ाब, मुझपे फ़रिश्तों की मार

देखो मुझे दोस्तो! मेरी सुनो भाइओ
प्यार की झूटी क़सम, भूल के मत खाइओ

देखो वो बरगद का पेड़, कब से अकेला खड़ा
बाल बिखेरे हुए, काट रहा है सज़ा

कर के किसी से दग़ा, यूँ न सज़ा पाइओ
प्यार की झूटी क़सम, भूल के मत खाइओ

ऐसे न ख़त भेजना, जाने-मुहब्बत के नाम
जिनमें हों वादे ग़लत, जिनमें हों झूठे पयाम

तुम किसी मासूम को, ख़्वाब न दिखलाइओ
प्यार की झूटी क़सम, भूल के मत खाइओ

जिस में चमकता रहे, आरज़ूओं का मज़ार
दिल की निशानी न हो, ग़म की बने यादगार

ऐसी अँगूठी कभी, कोई न पहनाइओ
प्यार की झूटी क़सम, भूल के मत खाइओ

प्यार जताकर कहीं, भूल ना जाना कभी
तुम न किसी सेज को, क़ब्र बनाना कभी

हाय किसी माँग के, फूल ना बिखराइओ
प्यार की झूटी क़सम, भूल के मत खाइओ

मैं तो गुनहगार हूँ, तुम ना गुनहगार हो
मेरी तरह से ख़ुदा, तुमसे ना बे-ज़ार हो

मेरी ख़ता मेरी भूल, कोई ना दोहराइओ
प्यार की झूटी क़सम, भूल के मत खाइओ

◉

ऊदी-सी, किश्मिशी-सी, गुलाबी, ब-नफ़शई
चारों तरफ़, ये आग है कैसी लगी हुई

ये कैसी आग-सी है, बदन में लगी हुई
चिंगारियाँ गुलाबी हैं, शोले ब-नफ़शई

हिल-हिल के, चिलमनों ने, ये दी थी ख़बर मुझे
आप आएँगे, ज़रूर किसी दिन नज़र मुझे

मेहमाँ है, आज कोई, ज़रा घर सजा तो लूँ
बिखरी हुई, तमाम ये चीज़ें उठा तो लूँ

चाँदी सा, चाँदनी सा, चमकने लगा बदन
देखा मुझे, किसी की निगाहों ने ग़ालिबन
(थामे हुए है कोई मिरा हाथ ग़ालिबन)

चाँदी सा, चाँदनी सा, चमकने लगा बदन
टकरा गयी, ज़मीन सितारे से ग़ालिबन

ऊदी सी, चम्पई सी, गुलाबी सी चाँदनी
निकली है ओढ़कर किसी दुल्हन की ओढ़नी

ऊदी सी, चम्पई सी, गुलाबी सी चाँदनी
जैसे हो देवताओं की आँखों की रौशनी

ऊदी सी, चम्पई सी, गुलाबी सी चाँदनी
ये आज कितने रंग बदलती है रौशनी

धानी है, चम्पई है, गुलाबी है रौशनी
ये आज कितने रंग से निकली है रौशनी
या चाँदनी के रूप में है कोई रागिनी

उजले से आसमान पे निकली है यूँ धनक
जैसे किसी के शहर को जाती हुई सड़क

जैसे रंगी हुई किसी दुल्हन की ओढ़नी
धानी है, चम्पई है, गुलाबी है रौशनी

आँगन में धूम-धाम है जैसे बारात की
खन-खन है चूड़ियों की, चमक ज़ेवरात की

कपड़े हैं सुर्ख़ इनके दुपट्टे हैं कासनी
धानी है, चम्पई है, गुलाबी है रौशनी

महकी हुई है साँस में ख़ुश्बू गुलाब की
आँखों में रंग शब का, ठंडक है ख़्वाब की

मिलने चली है आज समंदर से इक नदी
डूबी हुई, लरज़ती हुई, काँपती हुई

हर एक लहर-लहर में होती है सनसनी
धानी है, चम्पई है, गुलाबी है रौशनी

क्या ये किसी के होश उड़ाने का ढंग है
हर सम्त देवताओं के जिस्मों का रंग है

नीला है अब्र और घटाएँ हैं जामुनी
धानी है, चम्पई है, गुलाबी है रौशनी

चारों तरफ़ तपे हुए ताँबे का रंग है
क्या ये किसी के दिल को लुभाने का ढंग है

दुल्हन बता रही है किसी को सहेलियाँ
आँखों में कह रही है मुअम्मे, पहेलियाँ

क्या जाने कौन सी ये नयी बात हो गयी
हैं आज आसमाँ पे सितारे ब-नफ़शई

फल-फूल हर इक नज़र आते हैं कासनी
धानी है, चम्पई है, गुलाबी है रौशनी

◉

शबनमी सुब्ह है शरबती शाम है_______ जिस जगह आप हैं

मिट गयीं रात- दिन की लकीरें, हदें ______ हम जहाँ हैं वहाँ
थम गयीं आज सब वक़्त की धड़कनें _____ हम जहाँ हैं वहाँ

आसमानों से हैं नूर की बारिशें _________ हम जहाँ हैं वहाँ
मुस्कुराने लगीं अनगिनत जन्नतें _______ हम जहाँ हैं वहाँ

थम गयीं आज लम्हात की आहटें ______ वक़्त की धड़कनें
दूर तक ख़त्म हैं सब अँधेरों के ख़त _____ रौशनी की हदें

आज बे-ताब ज़ीने को चैन आ गया _______ थम गयीं आहटें
आप के हाथ को थामते-थामते __________ सो गयीं चिलमनें

सुब्ह होने लगी, दिन निकलने लगा ______ आइये घर चलें
आसमाँ शब के कपड़े बदलने लगा _____ आइये घर चलें

◉

चिलमनें काँपती थरथराती रहीं,
आप की याद में, आप की आस में
दूर से आप की साँस आती रही, दिल को छूती रही
दम-ब-दम दिल के परदे लरज़ते रहे कुछ चमकते रहे
फ़ाख़्ताओं के उजले परों की तरह
या किसी झील में
मुस्कुराती हुई
थरथराती हुई चाँदनी की तरह
आप की चाप से
रूह की दूरियाँ
दिल की तन्हाइयाँ
मेरी ख़ामोशियाँ गुनगुनाती रहीं,
आप की याद में, आप की आस में
आप ही मेरे ख़्वाबों के हम-ज़ाद हैं
आप ही शहरे-दिल के परीज़ाद हैं
मुझमें रू-पोश हैं मुझमें आबाद हैं
ऐसे लम्हात हैं
पत्तियों के दुपट्टे में मुँह ढाँप कर
जब हवा सो चुके
जब कोई और होता नहीं
बादलों के लिहाफ़ों में लिपटा हुआ
चाँद सोता है जब
रात के हाथ में
आप जैसा कोई
और तोहफ़ा नहीं।
रातें आती हैं आप की याद में, आप की आस में
आप का घर मुझे

मेरे घर के दरीचे से झाँका किया
आप का रास्ता
मेरे क़दमों को आवाज़ देता रहा
पाँव की पायलें
हाथ की चूड़ियाँ
खनखनाती रहीं, आप की याद में, आप की आस में
आप के ख़्वाब आँगन में चलते रहे
आप के ख़्वाब हिर-फिर के आते रहे
मुस्कुराते रहे
मेरी तन्हाइयाँ गुनगुनाती रहीं,
आप की याद में, आप की आस में

◉

रातों में, चिलमनों को जगाते रहें हैं आप
दालान में झलक सी दिखाते रहे हैं आप

दरवाज़े, सो गये हैं किसी को पुकार के
कह दो कि दिन तमाम हुए इंतज़ार के

कानों में आ रहीं हैं सदाएँ, कहीं चलो
ऐसी जगह, जहाँ न मिले ये ज़मीं चलो

दरिया से मिल रही है मचलती हुई नदी
डरती हुई, लरज़ती हुई, काँपती हुई

दरिया ने, इक नदी को, परों में छुपा लिया
इक शाम को, सहर ने गले से लगा लिया

तितली ने इक कँवल को परों में छुपा लिया
भटकी हुई नदी ने समंदर को पा लिया

आती हैं आज किसकी सदाएँ, ये दम-ब-दम
ठहरे हुए हैं पाँव, चले जा रहे हैं हम

चलती हैं आज कैसी हवाएँ, ये दम-ब-दम
काग़ज़ का जिस्म बनके उड़े जा रहे हम

कानों में आ रही हैं सदाएँ, न जाने क्या
चारों तरफ़ छिड़े हैं किसी के फ़साने क्या

ऊदे से, किश्मिशी से, गुलाबी, ब-नफ़शई
बदले हैं आज रंग बदन ने कई-कई
किसी की नज़र, ये मेरी निगाहों में घुल गयी

कानों में आ रही हैं फ़रिश्तों की आहटें
होती हैं आज दिल में सितारों की बारिशें

छुप-छुप के चिलमनों को हिलाया न कीजिये
सोते हुए मकाँ को जगाया न कीजिये

◉

आज पकड़े गये, उन बिखरी ज़ुल्फ़ों में जकड़े गये, अपने छोटे हुज़ूर

बनेंगे आज वो क़ातिल, तमाशा हम भी देखेंगे
उड़ाएँगे किसी का दिल, तमाशा हम भी देखेंगे

छाई ख़ुशी भरपूर, पत्ता-पत्ता फूल बना है, फूल बने अंगूर

सुन्दर-सुन्दर आज की शाम
कोई बनी है लाल-परी और कोई बना गुलफ़ाम

चुटकियाँ लेते हैं अरमान उन्हें क्या मालूम
वो तो ठहरे अभी नादान उन्हें क्या मालूम

ये मिरी रात है,
मेरी ही रात है
मेरी ज़ुल्फ़ों की है,
मेरे गजरों की है

मेरे माथे की बूँदें सितारे बनीं
जुगनुओं में चमक,
चाँद में रौशनी
मेरी किरनों की है
मोतियों में दमक
मेरे दाँतों की है
ये मिरी रात है, मेरी ही रात है, मेरी ज़ुल्फ़ों की है

गेहूँ की बालियों में मचलती हवा
धान के खेत में
चाय के बाग़ में
सरसराती हवा
गुनगुनाती हवा
मेरे कपड़ों की है
ये मिरी रात है, मेरी ही रात है, मेरी ज़ुल्फ़ों की है
आबशारों की, झरनों की आवाज़ में
और बारिश की रिम-झिम की आवाज़ में
बाँस के पेड़ में
गुनगुनाहट ये सब मेरे होंटों की है
मेरे गीतों की है
ये मिरी रात है, मेरी ही रात है, मेरी ज़ुल्फ़ों की है

चाँद के जिस्म पर
बन गये हैं मिरी उँगलियों के निशाँ
फूल के गाल पर
हल्की-हल्की चुभन मेरी पलकों की है
ये मिरी रात है, मेरी ही रात है, मेरी ज़ुल्फ़ों की है

आज सूरज से कह दो कि निकले नहीं
तेरे तपते दिनों की ज़रूरत नहीं
हुक्मरानी फ़क़त मेरी रातों की है
ये मिरी रात है, मेरी ही रात है, मेरी ज़ुल्फ़ों की है

ये मिरी रात है, ये मिरी रात है,
मेरी ज़ुल्फ़ों की है , मेरी ज़ुल्फ़ों की है

आज की रात को कौन सा नाम दूँ
नूर की शब कहूँ
अपने बालों से छनती हुई शब कहूँ
या ख़यालों की जन्नत कहूँ
या शराबों में डूबी हुई
और कलियों के रस में नहाई हुई शब कहूँ
या किसी अजनबी शहर की शब कहूँ
या ये शब
मेरे ख़्वाबों की है मेरे सपनों की है
ये मिरी रात है ....

आज मेरे लिये
आसमाँ के किनारे सिमटने लगे
इक धनक की तरह

बादलों के लिहाफ़ों में सोई हुई
चाँदनी झाँकती है मुझे

शोख़ चंचल हवा
इक सखी की तरह
छेड़ती है मुझे

बात चारों तरफ़ मेरे जलवों की है
ये मिरी रात है.....

◉

मिटे जवानी ऐसी जिसने किया है रुस्वा गली-गली

रस्ता चलते मुझको छेड़ें तेरे मोहल्ले वाले
देख बलमवा समझा ले, देख सजनवा समझा ले

मेरे जूड़े को नागिन समझ के, मेरे पीछे लगे हैं सपेरे

पीली पड़ गई मैं तो सैयाँ तोरे देखत से

प्यार का रस्ता चिकना-चिकना, पाँव उठाऊँ कैसे

सँभालो सँभालो, मैं टकरा ना जाऊँ, मैं ठोकर ना खाऊँ

मेरा मुखड़ा चाँद का टुकड़ा किस से देखा जाये

मेरे तलवों में कंकर चुभा जाये रे, मेरे रस्ते में रेशम बिछा दो

मेरे बदन की बोतल में प्यार की मदिरा छलकी जाये

हाथ नहीं आऊँगी, खच से छुरी मार के मर जाऊँगी

कोई मुखड़े को ताकत जाये
कोई धीरे से बोले हाय !

मैं तो बन गयी तमाशा मेले में

मेरी आँखें मसल दीं सजना ने, मेरा कजरा भयो बेकार

मोरा फूलों का गजरा मसल गयो राम, मोर बलमा बड़ा बदमाश

◉

लालटेनों की आँखें झपकने लगीं, जाने क्या बज गया...... ??
आसमाँ की मुँडेरें चमकने लगीं, जाने क्या बज गया...... ??

धीरे-धीरे लिहाफ़ों ने लीं करवटें
गर्म बिस्तर बदन से बिछड़ने लगे, सर्द पड़ने लगे
सर्द पड़ने लगे
चादरें सरसरा कर ढलकने लगीं, जाने क्या बज गया...... ??
लालटेनों की आँखें झपकने लगीं, जाने क्या बज गया...... ??

रात के जिस्म पर बर्फ़ बाक़ी नहीं
शब के गहरे अँधेरे पिघलने लगे
लोग चलने लगे

और सड़कों की नब्ज़ें धड़कने लगीं, जाने क्या बज गया...... ??
लालटेनों की आँखें झपकने लगीं, जाने क्या बज गया...... ??

पनघटों की तरफ़ भीड़ होने लगी
जूड़े आहिस्ता-आहिस्ता खुलने लगे
बाल धुलने लगे

साड़ियाँ पिंडलियों से चिपकने लगीं, जाने क्या बज गया...... ??
लालटेनों की आँखें झपकने लगीं, जाने क्या बज गया...... ??

ठंडी ठंडी हवा गुदगुदाने लगी
झुमकियों की तरह पेड़ हिलने लगे
फूल खिलने लगे

जिस्म की तरह कलियाँ चटकने लगीं, जाने क्या बज गया...... ??
लालटेनों की आँखें झपकने लगीं, जाने क्या बज गया...... ??

वो पुजारी ने मंदिर में छेड़ा भजन
वो गडरिये उठे वो ग्वाले उठे
सोने वाले उठे

चूड़ियाँ चक्कियों पर खनकने लगीं, जाने क्या बज गया...... ??
लालटेनों की आँखें झपकने लगीं, जाने क्या बज गया...... ??

हाथ थामे हुए है कोई ग़ालिबन
पड़ ना जाये किसी की नज़र दफ़'अतन
काँपता है बदन

और माथे की बूँदें टपकने लगीं, जाने क्या बज गया...... ??
लालटेनों की आँखें झपकने लगीं, जाने क्या बज गया...... ??

होंट गूँगे किवाड़ों के खुलने लगे
आइने दम-ब-दम मुस्कुराने लगे
मुँह चिढ़ाने लगे

खिड़कियाँ टकटकी बाँधे तकने लगीं, जाने क्या बज गया...... ??

◉

जिसकी आहटें सुनकर, चिलमनें सरकती थीं
चौंकते थे दरवाज़े, सीढ़ियाँ धड़कती थीं

हाँ वो आप ही तो हैं

आइनों की आँखों में, जिसकी शक्ल फिरती थी
इक नक़ाब उठती थी, इक नक़ाब गिरती थी
खिड़कियाँ कई दिन से, जिसकी राह तकती थीं

हाँ वो आप ही तो हैं

बिस्तरों के सीने में, जिसके ख़्वाब पलते थे
जिसकी याद में तकिये, करवटें बदलते थे
जिसकी धुन में रातों को, चादरें ढलकती थीं

हाँ वो आप ही तो हैं

जिसकी उँगलियाँ हर दम, खेलती थीं बालों से
चुटकियाँ सी लेती थीं, जाने कितने सालों से
रेंगती थीं शानों पर, जिस्म को थपकती थीं
हाँ वो आप ही तो हैं

वो जो लेके आता था, फूल ज़ाफ़रानी से
चम्पई से, ऊदे से, कासनी से, धानी से
जिसकी मद-भरी साँसें, इत्र सा छिड़कती थीं

हाँ वो आप ही तो हैं

जिसके हाथ जूड़े में, फूल गूंध जाते थे
खेलते थे कंगन से, चूड़ियाँ घुमाते थे

जिसके सामने आँखें, ख़ुद-ब-ख़ुद झपकती थीं

हाँ वो आप ही तो हैं

वो जो कुछ दुपट्टे पर, चुपके-चुपके लिखता था
आरसी में हँसता था, आइने में दिखता था

जिसके मुँह पे फूलों की, झालरें लटकती थीं

हाँ वो आप ही तो हैं

जिसके घर की राहों में, पाँव डगमगाते थे
जिसके हाथ छूने से, हाथ कपकपाते थे
जिसके साथ चलने में, पिंडलियाँ लचकती थीं

हाँ वो आप ही तो हैं

जिसके गीत सुन-सुनकर, जिस्म झनझनाता था
रोम-रोम गाता था, ख़ून गुनगुनाता था
और जिसकी आवाज़ें, कान में खनकती थीं

हाँ वो आप ही तो हैं

जिसका नाम लेने से, होंट जगमगाते थे
जिसके ख़ूबसूरत ख़त, रोज़-रोज़ आते थे
जिसके ख़त से आँखों की पुतलियाँ चमकती थीं

हाँ वो आप ही तो हैं

◉

दिल में उमंग लिये, फूलों का रंग लिये,
आई जवानी, छाई जवानी

गूँज उठा है दिल का साज़
जवानी देती है आवाज़

मुस्कुराती है जवानी आजकल
चाँद से बातें हैं फूलों की ज़बानी आजकल

जवानी झूमकर आई
मिरी आँखों में इक दुनिया सितारों से उतर आई

फैली है ख़बर आज ये फूलों की ज़बानी, आई जवानी

जवानी मुस्कुराती आई है
गुनगुनाती गीत गाती आई है

ये मेरी तरफ़ किसकी नज़र है
आँखों में कँवल हैं मिरी नींदों में कौन है

ऐ जवानी गाए जा
चूड़ियाँ खनकाए जा, उँगलियाँ चटकाए जा
ऐ जवानी गाए जा

◉

दिन की बहारें, शब के नज़ारे
हुस्न की लहरें, नूर के धारे
गुंचा-ओ-शबनम, चाँद सितारे   हल्के-हल्के अक्स तुम्हारे

कैसी जन्नत, कैसे गुल्सिताँ
किस की हूरें, किस के ग़िल्माँ
जल्वा-ए-जानाँ, जल्वा-ए-जानाँ!   दीदा-ओ-दिल हैं तेरे सहारे

रश्के-महरो-माह! तसल्ली!
हम को दो लिल्लाह! तसल्ली
आह तसल्ली! आह तसल्ली!   हम हैं तुम्हारे इश्क़ के मारे

कोई हमारा हाल ना पूछे
मतलब क्या है और किसी से
हम हैं उन के तन्हा उन के   वो हैं हमारे सिर्फ़ हमारे

एक तमन्ना, एक रक़ाबत
आँख में आँसू दिल में लज़्ज़त
अल्लाह अल्लाह सोज़े-मुहब्बत   मीठे मीठे चंद इशारे

नूरो-शबनम अब क्या देखूँ
हुस्ने-दो-आलम अब क्या देखूँ
जल्वा-ए-आदम अब क्या देखूँ   देख चुका हूँ तुझको "प्यारे"

◉

ख़ुश हो दिले-बेक़रार यार से मिलता है यार
रात भी है नाज़नीं दिन भी है बाग़ो-बहार

दो दिलों को ख़ुश आये दो दिलों की यकजाई
अब दो-आतिशा बन के रंग पर शराब आई

या ख़ुदा प्यार के दो मुसाफ़िर सदा एक दूजे के हमराह चलते रहें
एक मतले के दो क़ाफ़ियों की तरह यूँ ही दो दिल मुहब्बत में ढलते रहें

आँचल न मुँह से सरके
दिन हैं नज़र गुज़र के
प्यारी दुल्हन चली है परियों का रूप भरके

सातों समंदरों के मोती निकाल लाओ
जिस शान की दुल्हन है उस शान से सजाओ

दुनिया की नज़र ने देखी है क्या ऐसी दुल्हन सुब्हान अल्लाह
पंजाब कहे माशा अल्लाह पढ़ता है दकन सुब्हान अल्लाह

ऐ रात जवाँ और जवाँ और जवाँ हो
शरमाई हुई 'ना' हो, लजाई हुई 'हाँ' हो

जागे जागे हमारे भाग
प्यारी रानी का देखा सुहाग

ये पहले पहल का मिलन रास आए
सजनिया को अपना सजन रास आए

चाँद जैसी कलाई में ये चूड़ियाँ छनछनाती रहें खनखनाती रहें
फूल जैसे ये होंटों की कलियाँ सदा यूँही खिलती रहें मुस्कुराती रहें

चौदवीं रात के चाँद की चाँदनी यूँ ही दोनों दिलों में बिखरती रहे
यूँ ही सहरे की कलियाँ महकती रहें यूँ ही मेंहदी की रंगत निखरती रहे

चम चम चमकें रतियाँ
धड़ धड़ धड़के छतियाँ
हाँ हाँ होगी ना ना होगी
प्यार की होंगी बतियाँ

जिस दिन के लिये दिन गिनते थे अल्लाह वो दिन दिखलाता है
हर लब पे मुबारकबादें हैं हर होंट तराने गाता है

मेरी धरती

कितने धर्मों के परस्तार हैं इस धरती पर
अपने बच्चों को समेटे हुए माँ हो जैसे

पूर्णमासी का ये निखरा हुआ शफ़्फ़ाफ़-सा चाँद
किसी दोशीज़ा की बिंदिया का निशाँ हो जैसे

लहलहाते हुए खेतों का ये मीठा गेहूँ
लज़्ज़ते-बोसा-ए-शीरीन-दहाँ हो जैसे

ये अजन्ता, ये एलोरा, ये हसीं खजुराहो
और ये ताजमहल जाने-जहाँ हो जैसे

ये वो धरती है के पिस-पिस के शफ़क़ज़ार बनी
ऐसी नैरंगी-ए-तक़दीरे-हिना क्या होगी

ये वो धरती है के पैरों से लिपट जाती है
और मेहमान-नवाज़ी की अदा क्या होगी

आर्याओं को भी सीने से लगाया इसने
और मुसलमानों को आँखों पे बिठाया इसने

इसी धरती से मुहम्मद ने ये फ़र्माया था
तेरी जानिब से मुझे ठण्डी हवा आती है

इसी धरती पे चले आने को बोले थे हुसैन
सच तो ये है कि इसे रस्मे-वफ़ा आती है

ये वो धरती है कि जिसके लिये हाफ़िज़ ने कहा
ख़ाले-हिन्दू पे समरक़ंदो-बुख़ारा सदक़े

ये वो धरती है कि सरहद पे क़दम रखते ही
हो गया बख़्त सिकन्दर का सितारा सदक़े

हाय ये ईद, ये होली, ये दीवाली का शबाब
फ़लके-पीर भी इक दिन को जवाँ है यारों

ख़ुद जहाँदीदा अरस्तू ने कहा था कि ये ख़ाक
सुरमा-ए-दीदा-ए-साहब नज़राँ है यारो

इसी धरती की तमन्ना में फिरा कोलम्बस
ये ज़मीं कूचा-ए-दिल, कूचा-ए-जाँ है यारो

जब दरख़्तों पे रहा करती थी तहज़ीबे-जहाँ
तब से आरास्ता-ए-इल्मो-हुनर है ये ज़मीं

इसी धरती पे ये नौ उम्र हिमालय उभरा
पहले इंसान की तारीख़ का घर है ये ज़मीं

हमने ईजाद किया पहले-पहल ये दीपक
रात को दौलते-अनवार अता की हमने

हमने ईजाद किया पहले-पहल ये ज़ीरो
अश्क को शक्ले-गुहरबार अता की हमने

हमने ईजाद किया पहले-पहल ये पहिया
पाँव को तेज़ी-ए-रफ्तार अता की हमने

दोस्तो! आओ कि हंगामे-सफ़आराई है
आज तारीख़ नये मोड़ पे ले आई है

एक ही साथ मदावा हमें करना होगा
दर्द भी एक है और ज़ख़्म भी यकजाई है

एकता जोश है, परवाज़ है, अँगड़ाई है
एकता ज़ोर है, शक्ती है, तवानाई है

एकता भूख का हल, जहल का हल, मौत का हल
एकता चेहरा-ए-तहज़ीब की रानाई है

फूट, खेतों की, मशीनों की, किताबों की हरीफ़
फूट शमशान की हू, क़ब्र की तन्हाई है

आज धरती का जुड़ा नीलगगन से रिश्ता
फ़र्क़े-बंगाल-ओ-पंजाब भला क्या मानी

साज़ो-नग़्मा है ये मद्रास, ये गुजरातो-बिहार
दूरी-ए-बर्बतो-मिज़राब भला क्या मानी

जब किसी शोख़ के जूड़े में न गुँथने पाये
आबरू-ए-गुले-शादाब भला क्या मानी

जब किसी जिस्म का पैराहने-रंगीं न बने
क़ीमते-रेशमो-कमख़ाब भला क्या मानी

बिखरे बादल कभी पानी नहीं बरसा सकते
एक होकर हमें आकाश पे छाना होगा

आज तारीख़ नये मोड़ पे ले आई है
आज तारीख़ का बोझ आप उठाना होगा

कितने धर्मों के परस्तार हैं इस धरती पर
अपने बच्चों को समेटे हुए माँ हो जैसे

◉

मील का पत्थर

मैं हूँ मील का पत्थर
हाथी, घोड़े, खच्चर
धूल उड़ाते हैं मुझपर

मुझ से भी पीछे उस पेड़ के नीचे
है और भी इक पत्थर
आते-जाते लोग भी अक्सर
फूल चढ़ाते हैं उसपर
मैं हूँ मील का पत्थर

◉

अपनी बेटियों के लिए

ख़ुशरंग तितलियाँ नज़र आती हैं लड़कियाँ
घर को बहिश्तज़ार बनाती हैं लड़कियाँ

या रब तिरी ज़मीन की रूदाद क्या कहूँ
लड़के उजाड़ते हैं, बसाती हैं लड़कियाँ

चावल हैं कहकशाँ-से, तो रोटी हैं चाँद-सी
क्या-क्या हसीन चीज़ें खिलाती हैं लड़कियाँ

स्कूल में भी करती हैं उस्तानियों के काम
घर पर भी माँ का हाथ बटाती हैं लड़कियाँ

मरियम की शक्ल में, कभी सीता के रूप में
सूरज हथेलियों पे उठाती हैं लड़कियाँ

ख़ुशियाँ बिखेरती हैं मगर इसके साथ ही
बाबुल के गीत गा के रुलाती हैं बेटियाँ

ऐ 'कैफ़' देवियाँ हैं ख़ुलूसो-वफ़ा की ये
वो कौन है जिसे नहीं भाती हैं लड़कियाँ

शबे-फ़ुर्क़त

फ़ुर्क़त की रात हाय किसी की ये बे-कसी
इक शम'अ जल रही है धुआँ है न रौशनी

पंछी भटक रहा है क़फ़स है न आशियाँ
मछली तड़प रही है क़ज़ा है न ज़िन्दगी

क्या जाने कब मिलेगा, मुसाफ़िर को कारवाँ
परवाने को चराग़ अँधेरे को चन्द्रमाँ

कोयल को अपना गीत पपीहे को अपना पी
पारे को अपना चैन, सितारे को आसमाँ

आँखों में इन्तज़ार की मस्ती लिये हुए
दिल डूबने लगा है किसी को पुकार के

आँखें झपक रही हैं सितारों की दम-ब-दम
पापन कठोर रात के उठते नहीं क़दम

थम-थम के आ रही हैं मुहब्बत को हिचकियाँ
रह-रह के डस रहा है किसी को किसी का ग़म

◉

आहंगे-जुनूँ

अब कुछ भी सही अंजामे-जुनूँ
हम बाज़ कभी आने के नहीं...

मानेंगे सदा अहक़ामे-जुनूँ
जो ख़ून से लतपत रहता था
वो क़ैस हमारा कैसा था
हँसता था जो पत्थर लगने से
ऐ बादे-सबा ला उसका पता
कहते हैं जिसे गुल्फ़ामे-जुनूँ

अब कुछ भी सही...

जब कोई यहाँ मंसूर हुआ
संसार को ना-मंज़ूर हुआ
मस्तों को चढ़ाना सूली पर
दुनिया का यही दस्तूर हुआ
आवाज़े-अनलहक़ लगती रहीं
रोके न रुका पैग़ामे-जुनूँ

अब कुछ भी सही...

दुनिया-ए-ख़िरद के नादानो
ये रम्ज़े-जुनूँ तुम क्या जानो
दीवाना समझते हो जिसको
दीवाना नहीं है नादानो
दीवाने पे पत्थर मत फेंको
मैला न करो एहरामे-जुनूँ

अब कुछ भी सही...

चाहत के अजब ख़मयाज़े मिले
दुश्नाम मिली आवाज़े मिले
सब शहर की गलियाँ तंग मिलीं
सब बन्द यहाँ दरवाज़े मिले
क्योंकर न जज़ाक-अल्लाह कहो,
क्या ख़ूब मिला ईनामे-जुनूँ

अब कुछ भी सही...

ज़र्रे के बराबर समझे हम
इस सारी ज़मीं की गोलाई
टख़नों के बराबर समझे हम
पर्वत की ये सारी ऊँचाई
सातों ही समुन्दर मथ डाले
ख़ातिर में न लाए गहराई
आकाश ही क्या अफ़्लाक ही क्या
जिबरील है ज़ेरे-दामे-जुनूँ

अब कुछ भी सही...

हाँ आज तो नामे-यार चले,
ये शाम बनामे-यार चले
हाँ झूम के साज़े-शौक़ छिड़े,
हाँ एक छलकता जामे-जुनूँ

अब कुछ भी सही...

फ़िल्म 'पाकीज़ा' का गीत

चलो दिलदार चलो
चाँद के पार चलो
हम हैं तैयार चलो

आओ खो जाएँ सितारों में कहीं
छोड़ के आज ये दुनिया ये ज़मीं

चलो दिलदार चलो
चाँद के पार चलो
हम हैं तैयार चलो

ज़िन्दगी ख़त्म भी हो जाये अगर
न कभी ख़त्म हो उल्फ़त का सफ़र

चलो दिलदार चलो
चाँद के पार चलो
हम हैं तैयार चलो

हम नशे में हैं सँभालो हमें तुम
नींद आती है जगा लो हमें तुम

चलो दिलदार चलो
चाँद के पार चलो
हम हैं तैयार चलो

फ़िल्म 'पाकीज़ा' का गीत

मौसम है आशिक़ाना
ऐ दिल कहीं से उनको ऐसे में ढूँढ़ लाना

कहना कि रुत जवाँ है और हम तरस रहे हैं
काली घटा के साये बिरहन को डस रहे हैं
डर है न मार डाले सावन का क्या ठिकाना

मौसम है आशिक़ाना...

सूरज कहीं भी जाये तुम पर न धूप आये
तुमको पुकारते हैं इन गेसुओं के साये
आ जाओ मैं बना दूँ पलकों का शामियाना

मौसम है आशिक़ाना...

फिरते हैं हम अकेले बाहों में कोई ले ले
आख़िर कोई कहाँ तक तन्हाइयों से खेले
दिन हो गये हैं ज़ालिम राते हैं क़ातिलाना

मौसम है आशिक़ाना...

ये रात ये ख़मोशी ये ख़्वाब-से नज़ारे
जुगनू हैं या जमीं पर उतरे हुये हैं तारे
बेख़्वाब मेरी आँखें मदहोश है ज़माना

मौसम है आशिक़ाना...

फ़िल्म 'पाकीज़ा' का गीत

आज हम अपनी दुआओं का असर देखेंगे
तीरे-नज़र देखेंगे, ज़ख़्मे-जिगर देखेंगे

आप तो आँख मिलाते हुए शरमाते हैं
आप तो दिल के धड़कने से भी डर जाते हैं
फिर भी ये ज़िद है कि हम ज़ख़्मे-जिगर देखेंगे
तीरे-नज़र देखेंगे, ज़ख़्मे-जिगर देखेंगे

प्यार करना दिले-बेताब बुरा होता है
सुनते आये हैं कि ये ख़्वाब बुरा होता है
आज हम इस ख़्वाब की ताबीर मगर देखेंगे
तीरे-नज़र देखेंगे, ज़ख़्मे-जिगर देखेंगे

जानलेवा है मुहब्बत का समाँ आज की रात
शमअ हो जायेगी जल-जल के धुआँ आज की रात
आज की रात बचेंगे तो सहर देखेंगे
तीरे-नज़र देखेंगे, ज़ख़्मे-जिगर देखेंगे

फ़िल्म 'क़िस्मत पलट के देख' का गीत

कोई गोरी गुलाब-सी लड़की
मुस्कुराई तो बिजली-सी कड़की
कैसी सूरत है कैसी मूरत है
धड़कनें बनके दिल में जो धड़की
कोई गोरी...

दिलबर मिला रंग पीला हुआ
आटा ग़रीबी में गीला हुआ
बनते हैं जोकर राजा जी होकर
शायद कोई पेंच ढीला हुआ
दिल लेके देती है झड़की
कोई गोरी...

दिल में मचलती-सी क्यों सीत है
क्या प्यार करने की ये फ़ीस है
करती है चोरी अरे फिर सीनाज़ोरी
कैसी नज़र चार सौ बीस है
जाने क्या आग भड़की
गोरी...

यारों के हाथ अपनी हर डोर है
दिल अपना बेचारा कमज़ोर है
दिल दिल तेरा दिल तो कैसा क़ातिल
दिल पर चला किसका कब ज़ोर है
टकराये दिल आँखें भड़की
कोई गोरी...

कैसी सूरत है कैसी मूरत है
धड़कनें बनके दिल में जो धड़की
कोई गोरी...

फ़िल्म 'रज़िया सुल्तान' का गीत

ऐ ख़ुदा शुक्र तिरा, शुक्र तिरा, शुक्र तिरा
ये मिरा यार चला बांध के सर पर सेहरा

ऐसा सेहरा गुलो-गुलज़ार न देखा न सुना
ऐसा नौशा है मिरा यार न देखा न सुना
ऐसा बेमिस्ल हसीं प्यार न देखा न सुना
ऐसा दिलदार, तरहदार, न देखा न सुना

सारी दुनिया की ज़बानों पे है घर-घर सेहरा
ये मिरा यार चला बांध के सर पर सेहरा

टाँक कर लाये गये चाँद सितारे इसमें
और गूँधे गये जन्नत के नज़ारे इसमें
चुन दिये फूल गुलिस्तानों के सारे इसमें
फूल क्या दिल भी पिरोये हैं हमारे इसमें

जाने किन हाथों से आया है ये बनकर सेहरा
ये मिरा यार चला बांध के सर पर सेहरा

गुल-रुख़ों की नज़र आती हैं अदाएँ इसमें
हैं महकती हुई ज़ुल्फ़ों की घटाएँ इसमें
हैं सभी दर्द के मारों की दवाएँ इसमें
सारे दिल वालों की शामिल हैं दुआएँ इसमें

बात तो ये है कि दिलबर का है दिलबर सेहरा
ये मिरा यार चला बांध के सर पर सेहरा

वाह क्या बात है क्या शान है सुब्हान अल्लाह
इसके हर फूल में इक जान है सुब्हान अल्लाह
हर नज़र देख के हैरान है सुब्हान अल्लाह
जिसने देखा वही क़ुर्बान है सुब्हान अल्लाह

वाक़िआ ये है कि बेहतर से है बेहतर सेहरा
ये मिरा यार चला बांध के सर पर सेहरा

फ़िल्म 'शंकर हुसैन' का गीत

कहीं एक मासूम नाज़ुक-सी लड़की
बहुत ख़ूबसूरत मगर साँवली-सी

मुझे अपने ख़्वाबों की बाँहों में पाकर
कभी नींद में मुस्कुराती तो होगी

उसी नींद में कसमसा-कसमसा कर
सरहाने से तकिये गिराती तो होगी

कहीं एक मासूम ....

वही ख़्वाब दिन की मुंडेरो पे आकर
उसे मन-ही-मन में लुभाते तो होंगे

कई साज सीने की ख़ामोशियों में
मेरी याद से झनझनाते तो होंगे

वो बेसाख़्ता धीमे-धीमे सुरों में
मेरी धुन में कुछ गुनगुनाती तो होगी

कहीं एक मासूम ....

चलो ख़त लिखें जी में आता तो होगा
मगर उँगलियाँ कपकपाती तो होंगी

क़लम हाथ से छूट जाता तो होगा
उमँगें क़लम फिर उठाती तो होंगी

मिरा नाम अपनी किताबों पे लिखकर
वो दाँतों में उँगली दबाती तो होगी

कहीं एक मासूम .....

ज़बाँ से कभी उफ़! निकलती तो होगी
बदन धीमे-धीमे सुलगता तो होगा

कहीं के कहीं पाँव पड़ते तो होंगे
ज़मीं पर दुपट्टा लटकता तो होगा

कभी सुब्ह को शाम कहती तो होगी
कभी रात को दिन बताती तो होगी

कहीं एक मासूम .....

हर इक चीज़ हाथों से गिरती तो होगी
तबीयत पे हर काम खलता तो होगा

पलेटें कभी टूट जाती तो होंगी
कभी दूध चूल्हे पे जलता तो होगा

गरज़ अपनी मासूम नादानियों पर
वो नाज़ुक बदन झेप जाती तो होगी

कहीं एक मासूम .....

मुझे अपने ख़्वाबों की बाँहों में पाकर
कभी नींद में मुस्कुराती तो होगी

उसी नींद में कसमसा-कसमसा कर
सरहाने से तकिये गिराती तो होगी

कहीं एक मासूम .....

(इस गीत के आख़िरी के दो बंद फ़िल्मी गीत में इस्तेमाल नहीं किये गये हैं)

फ़िल्म 'शंकर हुसैन' का गीत

अपने आप रातों में चिलमनें सरकती हैं
चौंकते हैं दरवाज़े सीढ़ियाँ धड़कती हैं

इक अजनबी आहट आ रही है कम-कम-सी
जैसे दिल के पर्दों पर गिर रही हो शबनम-सी
बिन किसी के याद आए दिल के तार हिलते हैं
बिन किसी के खनकाये चूड़ियाँ खनकती हैं

अपने आप . . . .

कोई पहले दिन जैसे घर किसी के जाता हो
जैसे ख़ुद मुसाफ़िर को रास्ता बुलाता हो
पाँव जाने किस जानिब बे उठाये उठते हैं
और छम छमा छम छम पायलें छनकती हैं

अपने आप . . . .

जाने कौन बालों में उँगलियाँ पिरोता है
खेलता है पानी से तन-बदन भिगोता है
जाने किसके हाथों से गागरें छलकती हैं
जाने किसकी बाँहों की बिजलियाँ लपकती हैं

अपने आप . . . .

अपने आप रातों में चिलमनें सरकती हैं
चौंकते हैं दरवाज़े सीढ़ियाँ धड़कती हैं

◉

फ़िल्म 'मान' का गीत

अल्लाह भी है मल्लाह भी है
अल्लाह भी है मल्लाह भी है
कश्ती है कि डूबी जाती है
अल्लाह भी है मल्लाह भी है

हम डूब तो जायेंगे लेकिन
दोनों ही पे तोहमत आती है
अल्लाह भी है मल्लाह भी है

इक शम'अ घिरी है आँधी में
बुझती भी नहीं जलती भी नहीं
शमशीरे-मुहब्बत क्या कहिये
रुकती भी नहीं चलती भी नहीं
मज़लूम मोहब्बत रह-रहकर
हर साँस में ठोकर खाती है
अल्लाह भी है मल्लाह भी है

एक ख़्वाब नज़र सा आया था
कुछ देख लिया कुछ टूट गया
इक तीर जिगर पर खाया था
कुछ डूब गया कुछ टूट गया (२)

क्या मौत की आमद आमद है (२)
क्यों नींद-सी आयी जाती है
अल्लाह भी है मल्लाह भी है

◉

फ़िल्म 'मान' का गीत

फैली है ख़बर
फैली है ख़बर आज
ये फूलों की ज़ुबानी
आयी है जवानी सखी आयी है जवानी
फैली है ख़बर

मालूम नहीं किसकी
ये धुन आठ पहर है
आहट पे नज़र है
हर एक आहट पे नज़र है
आहट पे नज़र है
हर एक आहट पे नज़र है
दिल भी है दिवाना
मेरी आँखें भी दिवानी

फैली है ख़बर....

मिलते ही नज़र उनसे मेरे
मेरे दिल का धड़कना
ओ मेरे दिल का धड़कना
आँखों का झपकना
मेरी आँखों का झपकना
मालूम न हो जाये किसी को ये कहानी

फैली है ख़बर....

फ़िल्म 'दायरा' का गीत

ऐ चाँद सितारो
ऐ चाँद सितारो
ख़ामोश नज़ारो

ऐ चाँद सितारो
मै वो हूँ कि तुम भी ना मेरे साथदारो (२)

ऐ चाँद सितारो

घनघोर अंधेरों में किया मैंने बसेरा
वो रात हूँ जिस रात ने देखा न सवेरा
तक़दीर की बिखरी हुई ज़ुल्फ़ें न सँवारो

ऐ चाँद सितारो (२)

रूठे हुए दरिया का हूँ वीरान किनारा
जिसमें कोई कश्ती है न तूफ़ान न धारा
अब तुम न मिरी लाश को रह-रह के पुकारो

ऐ चाँद सितारो (२)
ख़ामोश नज़ारो

◉

फ़िल्म 'दायरा' का गीत

डाल दी मैंने जल-थल में नैया
जागना हो तो जागो खेवैय्या (२)

देवता तुम हो मेरा सहारा
मैंने थामा है दामन तुम्हारा (२)

थाम लो अपनी राधा को भगवन
रुक न जाये कहीं दिल की धड़कन
ये न कहने लगे कोई बिरहन
मुँह छुपाकर सँवरिया ने मारा (२)
देवता तुम हो मेरा सहारा

देवता तुम हो मेरा सहारा
मैंने थामा है दामन तुम्हारा (२)

मेरे नैनों को तुम ऐसे भाये
दो घड़ी मुझको निंदिया न आये
मेरी आँखों से आँखें लड़ाये
डूबता है सवेरे का तारा
देवता तुम हो मेरा सहारा

देवता तुम हो मेरा सहारा
मैंने थामा है दामन तुम्हारा

रैन भारी है, गहरा अँधेरा
हाथ ले लो तुम हाथों में मेरा
रैन भारी है

सो गये मंदिरों के पुजारी
गूँजती है मुरलिया तुम्हारी (२)
आत्मा झूमती है हमारी

दिल खिंचा जा रहा है हमारा (२)
देवता तुम हो मेरा सहारा

देवता तुम हो मेरा सहारा
मैंने थामा है दामन तुम्हारा (२)

छोड़कर मैं न भगवन को जाऊँ
रात भर यूँ ही जागूँ-जगाऊँ
गीत गा-गाके रोऊँ-रुलाऊँ
ये वचन लूँ कि मैं हूँ तुम्हारा (२)
ये वचन लूँ कि मैं हूँ तुम्हारा (२)

सेहरे और दुआइयाँ

◉

प्यारे बाबुल तम्हारी दुहाई
आज मैं हो रही हूँ पराई

हाए अब छूटता है ये आँगन
मुझको लेने को आए हैं साजन
अब न सखियों में बीतेगा बचपन
अब न भैया से होगी लड़ाई

प्यारे बाबुल तम्हारी दुहाई
आज मैं हो रही हूँ पराई

भीनी-भीनी खिलेगी चमेली
मुझको ढूँढ़ेंगी मेरी सहेली
मेरी गुड़िया रहेगी अकेली
मुझसे बिछड़े बहन और भाई

प्यारे बाबुल तम्हारी दुहाई
आज मैं हो रही हूँ पराई

मेरी जामुन न अमवा है मेरा
मेरे भैया ये सबकुछ है तेरा
दो ही दिन का था मेरा बसेरा
चार दिन भी मैं रहने न पाई

प्यारे बाबुल तम्हारी दुहाई
आज मैं हो रही हूँ पराई

कोई भी करके हीला बहाना
मेरी माँ मुझको जल्दी बुलाना
याद आएगा सारा घराना
कैसे आऊँगी मैं बिन बुलाई

प्यारे बाबुल तम्हारी दुहाई
आज मैं हो रही हूँ पराई

[नोट :- ये डोली फ़िल्म 'पाकीज़ा' के लिये लता मंगेश्वर की आवाज़ में रिकार्ड की गयी थी लेकिन किसी वजह से फ़िल्म में नहीं आ सकी]

अपने भाई ख़्वाजा मो. सिद्दीक़ (मरहूम) की याद में

कुछ अश्क पोंछ के दामन अभी निचोड़ा था
हनोज़ था मैं ग़मे-भाईजान में नाशाद
फिर आज शहर में दिल पर इक और ज़ख़्म लगा
ये क्या अताब है फ़रियाद या-ख़ुदा फ़रियाद

फ़ुग़ाँ! कि छीन लिया मौत के फ़रिश्ते ने
उसे जो हामिले-क़ुरआँ था इस ज़माने में
हज़ार हैफ़! न रहने दिया गया हममें
उसे जो साहिबे-ईमाँ था इस ज़माने में

ख़ुदा गवाह कि प्यासे मुसाफ़िरों के लिए
वे एक चश्मा-ए-आबे-ज़ुलाल था यारो
यक़ीं करो कि मरीज़ाने-नीम-जाँ के लिए
वो इक तबीब मसीहा-मिसाल था यारो

ये बदनसीब! ये कमबख़्त नामुराद आँखें
सितम! कि रोज़े-क़यामत दिखा रही हैं मुझे
ये फूट क्यों नहीं जातीं कहो इन आँखों से
बुज़ुर्गे-शहर की मय्यत दिखा रही हैं मुझे

तो क्या यही है मशीयत! कि तेरी दुनिया में
मुफ़क्किरों का न दानिशवरों का नाम रहे
फ़क़ीहो-आलिमो-फ़य्याज़ो-मुज्तहिद न रहें
फ़क़त मज़ार रहें, मक़बरों का नाम रहे

ख़ुदा-शनास, रसूल-आशना, सहाबा-दोस्त
क़सम! कि मज़हरे-इस्लाम था मिरा सिद्दीक़
वो था नमूना-ए-सिद्दीक़-ओ-ख़्वाजा अजमेरी
इन्ही बुज़ुर्गों का हम-नाम था मिरा सिद्दीक़

इलाही लुत्फ़ो-करम से नवाज़ियो उसको
तिरी जनाब में हाज़िर है ये मिरा भाई
ये तेरे प्यारे मुहम्मद का नामलेवा था
मक़ामे-साया-ए-रहमत में हो पज़ीराई

◉

◉

बना मेरे 'अकरम' का शहकार सेहरा
है बाँका सजीला तरहदार सेहरा

इलाही मुहम्मद मियाँ को ख़ुश आए
कि बेटे ने बाँधा ख़ुश आसार सेहरा

मुबारक 'ज़ुबैदा' को नूरे-नज़र का
ये पुर-नूर सेहरा ये पुर-अनवार सेहरा

बहन 'आसिफ़ा' ने मसर्रत से बाँधा
मुहब्बत से चूमा कई बार सेहरा

'ख़लीलो-जलील' और 'अहमद' को या-रब
मुबारक हो ये नेक अतवार सेहरा

'रईसो-ज़फर' और 'इक़बाल' तुम को
मुबारक हो ये रश्के-गुलज़ार सेहरा

मुबारक हो 'मज़हर', 'असद' को इलाही
ये लम्हाते-ज़र्रीं ये ज़र-तार सेहरा

जो 'अस्लम' का महबूबो-दिलबर है नौशा
तो 'जावेदो-अरशद' का दिलदार सेहरा

मुबारक-मुबारक 'अनीस' आज तुमको
हक़ीक़त में यारों का है यार सेहरा

सभी अहले-दफ़्तर ख़ुशी में मगन हैं
कि लाया है दफ़्तर में इतवार सेहरा

मुहम्मद हुसैन आज नाचें ख़ुशी में
कि संजीदगी से है बे-ज़ार सेहरा

ये 'जावेदो-मज़हर', 'शमीम' आज लाए
ख़ुलूसो-मुहब्बत का इज़हार सेहरा

ये नौशा है नौशों का सर-ताज नौशा
ये सेहरा है सेहरों का सरदार सेहरा

बहुत बे-तकल्लुफ़ हुआ जा रहा है
क़दम चूमने को है तैयार सेहरा

सभी दोस्तों के लिये शाख़े-गुल है
सभी दुश्मनों को है तलवार सेहरा

मुबारक हो 'नाहीद-ओ-अकरम' को या-रब
ये गुल-रंग महेंदी ये गुल-नार सेहरा

'नसीमो-रमीश' आज ख़ुश हो के बोले
है 'अकरम' मियाँ का मज़ेदार सेहरा

ज़माने में यूँ हज़रते-'कैफ़' जैसा
न लिख पाएगा कोई फ़नकार सेहरा

[ये सेहरा मुहम्मद मियाँ क़ुरैशी के बेटे अकरम मुहम्मद क़ुरैशी (रुक्न उर्दू अकादमी) की शादी के मौक़े पर पेश किया गया]

◉

यूँही 'परवेज़ो-शाहीन' या-रब सदा एक दूजे के हमराह चलते रहें
एक मतले के दो क़ाफ़ियों की तरह यूँही दो दिल मुहब्बत में ढलते रहें

चौदवीं रात के चाँद की चाँदनी दो दिलों में हमेशा बिखरती रहे
यूँही दूल्हा का सेहरा महकता रहे, माँग दुल्हन की यूँही सँवरती रहे

चाँद के मुँह पे सेहरे की कलियाँ सदा यूँही खिलती रहें मुस्कुराती रहें
फूल जैसी कलाई की ये चूड़ियाँ, खनखनाती रहें, छनछनाती रहें

अपने नूरे-नज़र का ये सेहरा सदा तुमको रास आए ख़ुश आए क़मर-उल-हसन
तुम कि हो आज के अहद में शम्मे-तिब, नूरे-इल्मो-अदब मशअले-फ़िक्रो-फ़न

अपने नाज़ों के पाले की ये शुभ घड़ी आज रास आए 'अल्ताफ़ बेगम' तुम्हें
हूर सी इक बहू घर में लाई हो तुम, मरहबा! मरहबा! कहते हैं हम तुम्हें

'शाहिदा' के लिये है दिवाली की रात और 'सलमा' बहन के लिये ईद है
चूमती हैं वो भाई का मुँह दम-ब-दम आज उनकी ख़ुशी काबिले-दीद है

'शहजहाँ' हो मुबारक ये शुभ दिन तुम्हें आज बेटी के हाथों में मेंहदी रची
'इफ़्तिख़ार' आज तुम भांजी के लिये, दो दुआ रास आए उसे ये ख़ुशी

आज 'महबूबो-आरिफ़' भी 'जावेद' भी, अपने भाई के सेहरे से मसरूर हैं
सब के चेहरे हैं फूलों से खिलते हुए सब के दिल शादमानी से भरपूर हैं

ऐ 'हसन' और 'अहमद' ब-फ़ज़ले-ख़ुदा, अपने भाई का सेहरा मुबारक तुम्हें
चश्मे-बद्दूर परवेज़ नौशा बना, चाँद जैसा ये चेहरा मुबारक तुम्हें

आज 'शहनाज़' और 'यास्मीं' की ख़ुशी वो ख़ुशी है कि बस क्या बयाँ कीजिये
दूल्हा भाई से वो छेड़, वो दिल-लगी, वो हँसी है कि बस क्या बयाँ कीजिये

या-ख़ुदा जब तलक चाँद-सूरज हैं ये, या-ख़ुदा जब तलक है ये नीला गगन
यूँही 'परवेज़-ओ-शाहीन' फूलें-फलें, यूँही ख़ुशियों में झूलें ये दूल्हा-दुल्हन

[ये सेहरा हकीम सय्यद क़मर-उल-हसन के छोटे बेटे की शादी के मौक़े पे पेश किया गया।]

◉

मेरे सुहैल का है क्या शाहकार सेहरा
लाई बहन बना के बाग़ो-बहार सेहरा

जुगनू टके हुए हैं तारे गुंधे हुए हैं
गोया किये हुए है सोलह सिंगार सेहरा

ऐ मुस्तफ़ा ख़ुश आए, रास आए ऐ सुरय्या
आँखों का नूर सेहरा दिल का क़रार सेहरा

ऐ दादी-अम्मा तुमको अल्लाह रास लाए
पोते का आज देखा ये शानदार सेहरा

भैया मियाँ ने बढ़कर शफ़क़त से ये दुआ दी
रक्खे सदा सलामत परवरदिगार सेहरा

नौशाद मुस्तफ़ा ने कितनी ही बार चूमा
बाँधा उनेज़ा बी ने कर-कर के प्यार सेहरा

भाई समद मियाँ भी ख़ुश हो के कह रहे हैं
आली वक़ार का है आली वक़ार सेहरा

तुम को सईद अहमद, अल्लाह ने दिखाया
ता'अत शिआर सेहरा ख़िदमत गुज़ार सेहरा

नुदरत, सुहैल तुमको ता-देर रास आए
ये लाला रंग महेंदी ये लाला-ज़ार सेहरा

शहनाइयों की धुन में उट्ठी बहन की डोली
साजिद मियाँ ने गाया बनकर कहार सेहरा

किश्वर ने आज देखे बेटी के हाथ पीले
गुड़िया ने आज चूमा बे-इख़्तियार सेहरा

क्या-क्या अनीस के हैं जज़्बात में तलातुम
महफ़िल में गा रहे हैं दीवानावार सेहरा

ऐ 'कैफ़' शायरी में जादू किया है तुमने
नग़मात का है गोया इक आबशार सेहरा

[ये सेहरा 29 मई 1988 को मुस्तफ़ा ताज के बेटे सुहैल मुस्तफ़ा की शादी के मौक़े पर पेश किया गया]

◉

किसकी डोली जाती है शुक्ल जी के आँगन से
हिचकियाँ निकलती हैं आम और जामन से

प्यार करने वालों से सब्र कैसे होता भी
आज अपने पिंजरे में रो पड़ा है तोता भी

आबदीदा हैं गुड़ियाँ ग़मज़दा चमेली भी
चुपके-चुपके रोती है मनचली सहेली भी

सबकी लाडली संध्या! जा सिधार ऐ बेटी
हिचकियों से यूँ मत रो, बार-बार ऐ बेटी
हो रही है हर हिचकी दिल के पार ऐ बेटी
रीत है ये दुनिया की सब युँ ही बिछड़ते हैं
अपनी-अपनी शाख़ों से फूल युँ ही झड़ते हैं

नित दिन तिरी बातें हमको याद आएँगी
बिजलियाँ गिराएँगी, बरछियाँ चलाएँगी

अपने प्यारे पापा के बूट खोलती थी तू
और शहद में डूबे बोल बोलती थी तू

ऐ अज़ीम सीमा तू! और हर नारायण जी
पहले दी 'किरन' तुमको आज दे दी संध्या भी
एक घर की दो बहनें, एक घर के दो भाई
अब दो-आतिशा हो कर रंग पर शराब आई

ऐ विनोद संध्या का हर ख़याल रखना तुम
जिस्मो-जाँ के रिश्ते को ला-ज़वाल रखना तुम
शुक्ल जी की आँखों का नूर ले चले हो तुम
रानी जी की जन्नत की हूर ले चले हो तुम

नानाराम त्रिवेदी और सुरुति रानी
ये भी इसके शैदाई ये भी इसकी दीवानी
ले के जा रहे हो तुम भाइयों की दिलदारी
रतन, अजय, विजय, जय और अरुण की प्यारी
ये किरन की चाहत है रंजीत की उल्फ़त है
अपनी दोनों बहनों की इक हसीन जन्नत है

कल्पना की आँखों में झूमती ख़ुशी है ये
राज और अश्विनी की दिलरुबा हस्ती है ये
तू हमारे घर बेटी चार दिन को आई थी
झूट को हमारी थी अस्ल में पराई थी
आज हर नारायण जी तेरे बाप-माई हैं
ये अजय अजीत अरुण और मोनू भाई हैं

तुझको रहती दुनिया तक रास आए ऐ सँध्या
तेरी माँग की अफ़्शाँ तेरे माथे की बिंदिया

ख़ुशी की शबनम

लोग अपने मेहमाँ को
इत्र पेश करते हैं
पान नज़्र करते हैं

तुमको राम प्रसाद हम
रूह पेश करते हैं
जान नज़्र करते हैं
'बाबूराम' वर्मा के ख़ानदाने-आली की
शान नज़्र करते हैं

बाबूराम वर्मा
हमसफ़र वो गाँधी का

जिसके दो सगे भाई
नेहरू और क़िदवाई

ऐ 'विनोद' ऐ प्यारे
आसमान के तारे
नाज़ की पली 'रीता'
प्यार में ढली 'रीता'
आज से तुम्हारी है
इसका ध्यान रखना तुम

इसके वास्ते जागे रात-रात भर 'जगदीश'
सारे ऐश दुनिया के भूल-भूल कर 'जगदीश'
हसरतों के गुलशन का इक गुलाब है 'रीता'
सादगी की आँखों का एक ख़्वाब है 'रीता'
मालती समझती है अपनी आँख का 'प्रकाश'
और इसको कहती हैं अपनी ज़िन्दगी 'कैलाश'

इसके भाई 'मनमोहन' ऐसा प्यार करते हैं
इसके ख़त का रोज़ाना इंतज़ार करते हैं

चाहतें ज़रा देखो ये 'कृष्ण मोहन' की
बे-ख़तर लुटा दी है दौलत अपने दामन की
इक बहन पे सदक़े की हर बहार गुलशन की
लाड़ली है बहनों की, भाइयों की प्यारी है
'राज' भी फ़िदा इस पर और 'रजत' भी वारी है
इस का ध्यान रखना तुम

जा सिधार ऐ बेटी
हिचकियों से यूँ मत रो
बार-बार ऐ बेटी
रस्म है ये दुनिया की, रीत है ये दुनिया की
बेटियाँ हर इक घर में
चार दिन को आती हैं
और एक दिन आख़िर
माँ-बाप भाई-बहन सबको छोड़ जाती हैं

यूँ ही छूट जाता है फूल शाख़सारों से

साया अपने पेड़ों से, गीत अपने साज़ों से
नग़मे अपनी पायल से, पानी अपने बादल से
अब तिरा ये असली घर तुझको साज़गार आए
रोज़ तेरे गुलशन में मौसमे-बहार आए

तेरे हाथ की मेंहदी, तेरी माँग का सिंदूर
यूँ रहे सदा जगमग जैसे चन्द्रमा में नूर

◉

(गीता और विनोद की शादी के मौक़े पर)

दुआइया पैग़ाम

या ख़ुदा! यूँ ही 'मारूफ़-ओ-शीबा' सदा, एक दूजे के हमराह चलते रहें
एक मतले के दो क़ाफ़ियों की तरह, यूँ ही दो दिल मुहब्बत में ढलते रहें

चौदवीं रात के चाँद की चाँदनी, दो दिलों में युँही चमचमाती रहे
यूँ ही उल्फ़त की क़न्दील रौशन रहे, रात आती रहे रात जाती रहे

यूँ ही सेहरे की कलियाँ महकती रहें, यूँ ही खिलती रहें मुस्कुराती रहें
यूँ ही मेंहदी रचे हाथ की चूड़ियाँ, छनछनाती रहें खनखनाती रहें

यूँ ही 'अस्मा' के आँचल की छाँव रहे, यूँ ही असरार का सर पे साया रहे
यूँ ही दूल्हा-दुल्हन को दुआएँ मिलें, यूँ ही ये प्यार का रंग छाया रहे

ऐ 'शकीलो-वसीम' आओ आकर ज़रा, अपनी 'शीबा' को दुल्हन बना दो मियाँ
अपनी 'शीबा' के माथे पे तुम प्यार से, अपने बोसे का टीका लगा दो मियाँ

आयें 'सीमा-ओ-रुख़साना' बहनें यहाँ,आयें 'राना' बहन और बहन 'रेशमाँ'
अपने आँचल में 'शीबा' को रुख़सत करें, ताकि हो जाए ये शुभ घड़ी जावेदाँ

हैं 'निगार-ओ-निशात' आज क्या-क्या मगन, गीत गाती हैं मिल-जुलके सब प्यार का
इनके गीतों में है हुस्न पाज़ेब का, इन के नग़मों में है रंग झंकार का

इक़्तिदार और मोहसिन भी हैं बाग़-बाग़, और परवेज़-ओ-जावेद भी हैं मगन
फूल सेहरे के खिलते हुए देखकर, खिल उठे हैं दिलों में हज़ारों चमन

आज 'हाशिम अली' को मुबारक ये दिन, और 'नज्मा' को रास आए ये शुभ घड़ी
आज छमछम छमाछम बहू आई है, बन के कलियों की मलका गुलों की परी

आज 'याफ़िस' भी 'दानिश' भी मसरूर हैं, गीत उल्फ़त के गाने लगे झूमकर
सर पे सेहरा सजाने लगे प्यार से, अपने भाई का मासूम मुँह चूमकर

अपने भाई पे सदक़े हैं 'तनवीर' भी, फ़ौज़िया और सलमा भी क़ुर्बान है
गीत गा-गा के कहती है हर इक बहन, 'मेरे भाई तू सच-मुच मिरी जान है'

कितने शादाबो-शादाँ हैं भाई नईम, आज इनकी ख़ुशी काबिले-दीद है
चारों जानिब से ये आ रही है निदा, ईद है, ईद है, ईद है, ईद है

या ख़ुदा! यूँ ही 'मारूफ़-ओ-शीबा' सदा, एक दूजे के हमराह चलते रहें
एक मतले के दो क़ाफ़ियों की तरह, यूँ ही दो दिल मुहब्बत में ढलते रहें

(ये दुआइया पैग़ाम, सय्यद असरार की बेटी "शीबा" की शादी के मौक़े पर पेश किया गया)

◉

है कितनी हयादारो-ग़य्यूर मेंहदी
हथेली में रहती है मसरूर मेंहदी

मुबारक ये अफ़्शाँ फ़रोज़ाँ-फ़रोज़ाँ
सलामत ये नूर-उल-अला-नूर मेंहदी

संभल कर ज़रा चश्मे-मुश्ताक़ देखे
हक़ीक़त में है जलवा-ए-तूर मेंहदी

ये तस्नीम प्यारी के क़दमों में रचकर
मुक़द्दर पे क्या-क्या है मग़रूर मेंहदी

ये चँदा से चेहरे पे ज़र-तार सेहरा
ये फूलों से हाथों में भरपूर मेंहदी

नयी आरज़ू का है क़िर्तास सेहरा
नयी ज़िंदगी की है मंशूर मेंहदी

परीज़ादियों की नज़र लग न जाये
कि है वाक़ई ग़ैरते-हूर मेंहदी

मुबारक-मुबारक, सलामत-सलामत
बहारों पे है चश्मे-बद्दूर मेंहदी

ये तर्ज़े-सुख़न हज़रते-'कैफ़' का है
ज़माने में क्यूँ हो न मशहूर मेंहदी

[ये मेंहदी अख़्तर सईद ख़ाँ की छोटी बेटी तस्नीम की शादी के मौक़े पर पेश की गयी]

◉

ये मंज़िल ये राहे-वफ़ा रास आये
मुसाफ़िर तुझे रस्ता रास आये

दिले-मुज़्तरिब! दश्ते-ग़ुर्बत में तुझको
किसी को ये आवाज़े-पा रास आये

तपिश-ज़ार दुनिया में ऐ जाने-मुज़्तर
हसीं गेसुओं की घटा रास आये

विला! किसको मिलता है दस्ते-ज़ुलेख़ा
तमाशा-ए-ख़ाके-क़बा रास आये

रगे-जाँ मुबारक हो रक़्से-मुहब्बत
रवानी-ए-तेग़े-अदा रास आये

शिकस्ता सी मस्जिद की मेहराब तुझको
किसी का जलाया दिया रास आये

अरी धड़कनों! और क्या चाहती हो
तसल्ली-ए-दस्ते-हिना रास आये

निगाहो! मनाओ ये जश्ने-नज़ारा
सरे-बाम जाने-हया रास आये

हज़ीं 'कैफ़' के शेरे-आवारा तुझको
कोई मुतरिबे-ख़ुश-नवा रास आये

[ये सेहरा "कामिल बहज़ादी" की शादी के मौक़े पर पेश किया गया]

मुतफ़र्रिक़ अशआर

एक मतला दो शेर

उनको भी कोई यूँ ही सताए ख़ुदा करे
लेकिन नहीं, वो वक़्त न आए ख़ुदा करे

मेरे सभी ख़तों को जलाकर वो ख़ुश रहें
दामन पे उनके आँच न आए ख़ुदा करे

तंग आके सोचता हूँ कि तर्के-वफ़ा करूँ
उन तक मगर ये बात न जाए ख़ुदा करे

एक मतला दो शेर

मेरे गीत जब उनके होंठ तक गये होंगे
कितने गीतकारों के दिल धड़क गये होंगे

जिनको छोड़ आया था कमसिनी के मौसम में
अब तो उन दरख़्तों के फल भी पक गये होंगे

लाओ क़त्ल हो जाऊँ, आप अपने हाथों से
अब तो मेरे क़ातिल के हाथ थक गये होंगे

एक मतला दो शेर

चुपचाप ही घर में बैठे रहो घर से तो निकलना मुश्किल है
जिस शहर में पत्थर चलते हों उस शहर में चलना मुश्किल है

ऐ नूरे-नज़र ऐ-नूरे नज़र ये ज़ीस्त नहीं है कश्ती है
गहरे से निकलना आसाँ है उथले से निकलना मुश्किल है

जिस शहर में 'कैफ़' आ जाता है कुछ लोग ये बातें करते हैं
शैतान का टलना आसाँ है मेहमान का टलना मुश्किल है

एक मतला दो शेर

मिरी ख़ुश-दिली को यारो! मिरी ख़ुश-दिली न समझो
ये जुनून की हँसी है, तुम इसे हँसी ना समझो

अरे रात के ख़ुदाओ! न हो चाँदनी पे नाज़ाँ
ये तो रात का कफ़न है, इसे चाँदनी न समझो

ये सितम नहीं तो क्या है, कि हो इतने बे-त'अल्लुक़
मुझे दोस्त भी न जानो, मुझे ग़ैर भी न समझो

एक मतला दो शेर

नासेहो! ख़ुसरवे-ख़ूबाने-जहाँ तो देखो
ज़ालिमो! तुम मिरा महबूबे-जवाँ तो देखो

कभी सुक़रात को ज़हर और कभी ईसा को सलीब
हाय ना-क़दरी-ए-साहिबे-नज़राँ तो देखो

उसका इनकार भी इक़रार नज़र आता है
हाय उस शोख़ का अंदाज़े-बयाँ तो देखो

एक मतला दो शेर

मेरा चंदा तो स्कूल जाने लगा
मेरा मुँह तो लोगों को भाने लगा

वो तो उठता है चिड़ियों की आवाज़ पर
वो तो सूरज को नीचा दिखाने लगा

वो लिखता है ख़त चाचा नेहरू के नाम
वो तो अख़बार पढ़कर सुनाने लगा

एक ग़ैर मुरद्दफ़ मतला दो शेर

चाचा नेहरू तुम्हें शान्ती की क़सम
गिर न जाये कहीं मेरी गुड़िया पे बम

मेरे भय्या ने तोहफ़ा दिया है मुझे
तोप से उड़ न जाये ये मेरी क़लम

छीनना चाहते हैं हमारी ख़ुशी
जंग-बाज़ों के चेहरे पे छाया है ग़म

एक मतला एक शेर

दर्दे-फ़िराक़ क्या किसी ग़मख़्वार से कहो
चुपके पड़े हुए दरो-दीवार से कहो

तुझको भी देखना है, ग़मे-दीगराँ के बाद
इतना न हो मलूल, ग़मे-यार से कहो

एक मतला एक शेर

क्या जाने क्या गुनाह मैं सर पर लिये मिला
हर शख़्स अपने हाथ में पत्थर लिये मिला

चमका रहे थे आज वो ज़र्रों की क़िस्मतें
सूरज भी उनके दर पे मुक़द्दर लिये मिला

एक मतला एक शेर

बेवक़ूफ़ लड़की को कोई जाके समझा दे
ख़त में मुझको लिखती है मेरे मन के शहज़ादे

मेरा नाम मेहंदी से लिखती है हथेली पर
उसकी माँ कहीं उसको ख़ून से न नहला दे

एक मतला एक शेर

मेरे दिल ने देखा है, यूँ भी उनको उलझन में
बार-बार कमरे में, बार-बार आँगन में

मुंशी जी से कह देना, उनको ख़त में लिख देना
बौर आम में आये, फूल आये जामन में

एक मतला एक शेर

रुख़ पे आँचल लटका क्यूँ है
मेरी नज़र का खटका क्यूँ है

क़ातिल नादाँ 'कैफ़' का लाशा
उनकी गली में पटका क्यूँ है

एक मतला

फ़रिश्ते वक़्त से पहले अज़ाब देने लगे
गली के लड़के पलटकर जवाब देने लगे

एक मतला

बेवफ़ा, ग़द्दार, बेईमान किसने लिख दिया
मेरे माथे पर ये पाकिस्तान किसने लिख दिया

एक मतला

किसी हाल में भी सुकूँ नहीं अजब हाले-ज़ार है आजकल
कभी मयकदा कभी बुतकदा कभी कू-ए-यार है आजकल

एक मतला

बासी-बासी फूलों से ताज़ा-ताज़ा ख़ार अच्छा
शहर के हसीनों से, गाँव का गँवार अच्छा

दो शेर

मयकदे के दर पे लिख दे साक़िया
इसमें बस अल्लाह वाला जायेगा

छा रहा है उनकी आँखों का नशा
मुझको अब किससे संभाला जायेगा

दो शेर

चौराहे के इस पेड़ को मत काटिये लोगो
ये है किसी मासूम परिंदे की निशानी

•

मंज़िल न कोई राहगुज़र चाहता हूँ मैं
अपने ही दिल तक एक सफ़र चाहता हूँ मैं

एक शेर

जब कहा है रोटी को चाँद-सा हसीं मैंने
क़हक़हे लगाये हैं मसख़रे अदीबों ने

एक शेर

हमारे दीदा-ओ-दिल फ़र्शे-राह हैं कब से
इधर भी जाने-चमन, रूहे-इंक़लाब आ जा

नाटक

दो लाख

(इसका मौज़ू'अ जहेज़ (दहेज़) है, और ये नेकी और बदी के फ़रिश्तों की जंग से शुरू होता है)-

ये क़िस्सा है चंद सिक्कों का जब बात सिक्कों पे आती है तो दो हों, दो सौ हों या दो लाख बात एक ही होती है। ये सिक्के जब शैतानी हवस बनकर नेकी के फ़रिश्तों को ललकारते हैं, तब एक ऐसा संघर्ष उभर आता है और फिर शैतान की आमद होती है और वो अपनी ताक़त का ऐलान करता है। फ़रिश्ता भी चुप नहीं रहता वो अपनी नेकी पर नाज़ करता है। दोनों फ़रिश्ते अपना त'आरूफ़ कराते हैं और अपने काम बनाते हैं।

शैतान:-

बदी का देवता हूँ मैं मुझे शैतान कहते हैं
तबाही, आग, आँधी, ज़लज़ला, तूफ़ान कहते हैं

फ़रिश्ता:-

मैं नेकी का फ़रिश्ता हूँ भलाई चाहता हूँ मैं
मुहब्बत से भरी सारी ख़ुदाई चाहता हूँ मैं

शैतान:-

मुझे नफ़रत है, चिढ़ है, बैर है सारी ख़ुदाई से
ख़ुदा से, धर्म से, मज़हब से, नेकी से, भलाई से

फ़रिश्ता:-

ज़माने से भलाई को मिटाया जा नहीं सकता
कभी सूरज को झोंके से बुझाया जा नहीं सकता

शैतान:-

मैं लालच बनके घुस जाता हूँ लोगों के ख़यालों में
फँसा लेता हूँ उनको नित नये रंगीन जालों में

फ़रिश्ता:-

ये करता हूँ वो करता हूँ ये सब बकवास है प्यारे
ज़रा देखूँ तो क्या शक्ती तुम्हारे पास है प्यारे

शैतान एक शादी के मण्डप की तरफ़ इशारा करके कहता है:-

देख वो शादी का मण्डप हो गया काँटों की सेज
मेरा इक छोटा सा नाटक है ये मुँह-माँगा जहेज़

इसके साथ ही मण्डप का सीन रखा गया है, हँसी-क़हक़हे, लड़कियों की छेड़-छाड़, बरात आ रही है लड़कियाँ गीत गाती हैं-

चिकनी सड़क ससुराल की
राजा फिसल-फिसल जाये

बरात क़रीब आ जाती है, गाना ख़त्म हो जाता है। आम तौर पर क़ायदा है कि बरात आने के बाद दूल्हा और उसके घरवालों से दुल्हन की सहेलियाँ और बहनें छेड़छाड़ करती हैं, इस वक़्त की मंज़रकशी मुलाहिज़ा हो-

एक लड़की :-

दूल्हा को दुल्हन जाके ज़रा दे दो सहारा
घोड़े से न गिर जाये अनाड़ी है बेचारा

दूसरी लड़की :-

बेचारे पे क्या हाए! अजब वक़्त पड़ा है
लोगों के चढ़ाये से ये घोड़ी पे चढ़ा है

आज हर शादी में हम देखते हैं कि दुल्हन का बाप ख़ाकसारी से गढ़ा जाता है, समधिओं की हर फ़रमाइश पर सरे-तस्लीम ख़म करता है। हर लम्हा इस ख़ौफ़ से लरज़ता है कि उन देवताओं के "चढ़ावे" में कहीं कोई कसर ना रह जाये और हमारी म'आमूली ग़लती का श्राप हमारी बेटी को ना भुगतना पड़े.... वग़ैरह-वग़ैरह। और जब तक लड़की रुख़्सत ना हो जाये, घरवालों पर एक

बदहवासी छाई रहती है। इस ड्रामे में भी दुल्हन का बाप आजिज़ी-ओ-इंकिसारी की तस्वीर बना समधिओं की आवभगत में मशग़ूल है।

ऐ अज़ीम मेहमानों शुक्रिया कि तुम आये
आज मेरे घर पर हैं देवताओं के साये

लोग अपने मेहमानों को प्यार से मुहब्बत से फूल पेश करते हैं, पान पेश करते हैं।

ऐ हमारे मेहमानों हम तुम्हारी ख़िदमत में
दिल निसार करते हैं जान पेश करते हैं

अचानक दूल्हा के बाप की आवाज़ गूँजती है-

ज़रा ठहरो अभी ये बियाह के फेरे नहीं होंगे
रुपये दो लाख जब तक हाथ में मेरे नहीं होंगे

यही वो मौक़ा है जब लड़की का बाप "माँग" पूरी करने की कोशिश करता है, बार-बार दूल्हा के बाप के क़दमों में झुकता है अपनी इज़्ज़तो-नामूस की भीक माँगता है। रोता है गिड़गिड़ाता है, लेकिन उस देवता पर कोई असर नहीं होता। माहौल सोगवार है। सहेलियाँ चुप, क़हक़हे बंद। हर तरफ़ एक उदासी, आँसू, आहटें, दबी-दबी सिसकियाँ। ये मंज़र हमने अपने आसपास कहीं न कहीं ज़रूर देखा होगा।

लेकिन दूल्हा समझदार है, वो जहेज़ के ख़िलाफ़ है। आवाज़ उठाता है, ख़ुद को नीलाम होते नहीं देख सकता। बाप से मुख़ातिब होकर कहता है-

बाबा ये तुमने आज अजब काम कर दिया
तुमने जहेज़ माँगकर बदनाम कर दिया

तुमने ये ख़ानदान के चेहरे पे लिख दिया
बेटे को एक बाप ने नीलाम कर दिया

बाप, बेटे को ख़ामोश कर देता है। दुल्हन की बहनें अपने ज़ेवर बाप को देती हैं। ऐसे मौक़े पर बहनों का तड़पना फ़ितरी है। "बाबा" कहकर शेर में दर्द पैदा किया है-

तीन बहनों के जहेज़ों का ये ज़ेवर बाबा
आप ने रक्खा है थोड़ा-सा बनाकर बाबा

लाके हम देते हैं कर दीजिए दीदी पे निसार
आगे जो कुछ भी हो हमारा मुक़द्दर बाबा

अब दुल्हन के सब्र का पैमाना लबरेज़ हो चुका है, वो कहती है-

नहीं! मेरी बारात पलट जाये मुझे ये मंज़ूर
फ़िज़ूल शान दिखाना मुझे क़ुबूल नहीं

तमाम बहनों की नंगी कलाईयाँ करके
सुहागरात मनाना मुझे क़ुबूल नहीं

दूल्हा का बाप बारात वापस ले जाने को कहता है-

ये है कंगालों का घर बारात वापस ले चलो
इनके मुँह पर थूक-कर बारात वापस ले चलो

मुँह पर थूकना हिक़ारत की इंतिहा है। यहाँ शैतान बहुत ख़ुश होता है और नेकी के फ़रिश्ते को मुख़ातिब करके कहता है-

देख नेकी के फ़रिश्ते अपनी हार देख
हो गये अच्छे-भले कैसे ज़लीलो-ख़्वार देख

फ़रिश्ता :-

सब्र कर मेरे प्यारे
आज के बाद कल है प्यारे

हर बुराई में इक भलाई है
हर ख़िज़ाँ में है एक फ़स्ले-बहार

दुल्हन का बाप रोकता है, फिर दुल्हन की आवाज़ आती है वो अपने बाप को तसल्ली देती है कि उन्होंने बेटियों को पाल-पोसकर जवान किया इसका अहसान मानती है और आख़िर में इक पुर-अज़्म लहजे में कहते है-

लोग मत समझें कि लड़की छाँव-धूप हो जायेगी
एक औरत-ज़ात है रो-धोके चुप हो जायेगी

एक दिन बदलेंगे हम, बदलेंगे ये रस्मो-रिवाज
लालची, बे-शर्म, बे-हिस, संगदिल, ज़ालिम समाज

मुँह-माँगा ये ज़हेज, ये धन, क्या ये सब ठीक है
ये भीक है, ये भीक है, ये भीक है, ये भीक है

एक नौजवान:-

गर अपने पास अपनी कमाई का धन नहीं
ये बुज़दिली की बात है मर्दाना-पन नहीं

लड़के क़सूरवार नहीं ऐसे बाप के
ये सारे कारनामे हैं लड़के के बाप के

दूल्हा:-

ज़रा ठहरो सुनो हम नौ-जवाँ भी शर्म रखते हैं
रगों में ख़ून रखते हैं दिलों में अज़्म रखते हैं

क़सम हमको कि इज़्ज़त आबरू रक्खेंगे सेजों की
मिटा डालेंगे सब लानत ये मुँह-माँगे जहेज़ों की

और फिर लड़का यानी दूल्हा अपनी दुल्हन को ले जाने के लिए तैयार हो जाता है।

अपने घर वालों की ख़ुद-ग़र्ज़ी पे शर्माता हूँ मैं
पानी-पानी शर्म के मारे हुआ जाता हूँ मैं

तोड़ता हूँ क़ायदे, रस्मों को ठुकराता हूँ मैं
लाओ ठुकराई हुई लड़की को अपनाता हूँ मैं

लड़कियाँ ख़ुशी से झूम उठती हैं और गीत गाने लगती हैं-

शैतान तड़प उठता है, उफ़!, आह!, हाए! करके चीख़ता है और अपना तीर निशाने पर ना लगने से झल्ला जाता है-

उफ़! आह! आह! आह! ये क्या देखता हूँ मैं
अफ़सोस अपना तीर ख़ता देखता हूँ

बे-मालो-जहेज़ ये शादी हुई है आज
बोये थे ख़ार, फूल खिला देखता हूँ मैं

भलाई जीत गयी, बुरी की हार हुई
बड़े ग़ज़ब की ये तौहीन मेरी शान में हुई

मैं सास बन के बहू के जिगर को चीरूँगा
ये बात पूरी न हुई तो जान दे दूँगा

सास बहू को किस तरह ताना देती है :-

जवाँ मर जाये, तू इस कमबख़्त को लेके आया है
ये उस कंगाल घर की है जहाँ धन है न माया है

न हाथों में कोई कंगन, न कानों में कोई बाली
बड़ी आयी कहीं से छोकरे को फाँसने वाली

मैं कहती हूँ इसी पल एक दम घर से निकल इसको
टके की छोकरी है दो टके में बेच डाल इसको

दुल्हनः-

मुझे क्या बेचने को कह रही हैं आप माता जी
ख़ुद अपने लाड़ले ही बेचती हैं आप माता जी

इन्हें दो लाख में नीलाम करते फिर रहे हैं वो
बड़ा इंसानियत का काम करते फिर रहे हैं वो

सासः-

अरे सुनते हो जी लड़का चुड़ैल इक लेके आया है
तुम्हारे लाड़ले गुलफ़ाम ने क्या गुल खिलाया है

बापः-

बहुत अच्छा किया जो कर चुके सो कर चुके बेटा
हमारे वास्ते तुम आज ही से मर चुके बेटा

कहो इस कंगाल से मेरे घर से निकल जाओ

लड़के की बहन:-

नहीं निकलेगी ये हरगिज़ नहीं, ये मेरी भाभी है
पढ़ी-लिक्खी, शरीफ़ और ख़ूबसूरत, क्या ख़राबी है

किसी इंसान की इंसानियत को धन से मत तोलो
जो हमसे माँग हो लाखों की तो हम देंगे क्या बोलो?

अभी घर में गुफ़्तगू चल रही थी कि दरवाज़े पर दस्तक होती है, और पोस्टमैन ख़त लाता है। सास समझती है बेटी के ससुराल वालों का है काफी ख़ुश होती है, बेटी की शादी की ख़ुशी के तसव्वुर में गुम हो जाती है, गुनगुनाती है।

बाप:-

ये ख़त नहीं है मौत का रुक़'आ है मेरे नाम
लिक्खा है चार लाख रूपये कैश हाए राम

लड़की:-

बाबा ख़ता मुआफ़ ये रोना फ़िज़ूल है
जैसा करोगे वैसा भरोगे उसूल है

तुमने पराई लड़की पे खाया नहीं तरस
अँधा बनाये देती थी दो लाख की हवस

ये सोचते कि लड़की हमारे भी घर में है
ये देखते कि ख़ुद मिरी कश्ती भँवर में है

बाप पछताता है और कहता है:-

मैं ये दरख़्वास्त करता हूँ सभी लड़कों के बापों से
कि वो ऐलान कर दें आज तौबा करके पापों से

ज़माने में किसी लड़की की रुस्वाई न चाहेंगे
कभी लड़की के घरवालों से इक पाई न चाहेंगे

सुनो अच्छी बहू तुम आज से इस घर मलका हो
ज़रा चाय बना लाओ कि जी का बोझ हल्का हो

फ़रिश्ता:-

बदी के देवता अब क्या इरादा है जनाबे-आली
कहा था जान दे दूँगा, तो क्या वो जान दे डाली?

और इस तरह नेकी के फ़रिश्ते की जीत हुई है।